위기를 기회로 바꿔주는
생각의 도구

위기를 기회로
바꿔주는
생각의 도구

나비의 활주로

문제해결의 연속인 일상을
잘 살아가는 법

일을 진행하다 보면 돌발적인 상황이 생겨 의도한 대로 일이 진행되지 않을 때가 많다. 이번 주 내로 원고를 마감해야 하는데 긴급하게 고객으로부터 컨설팅 의뢰가 들어오고, 제안서가 자신들이 요구한 수준과 방향성이 맞지 않는다고 오늘 중으로 보완을 해달라기도 한다. 그런 상황이 오면 순간적으로 바이오리듬이 깨지면서 허둥대기도 하는 등 한 마디로 대략 난감한 상황에 처하게 된다.

이처럼 우리는 자신이 의도하는 바와 다르게 현재 상황이 전개될 때 문제를 인지하곤 한다. 이런 크고 작은 삶의 문제들이 우리의 하루를 지배하면서 때로는 갈등을 유발하기도 하고 금전적인 손해를 입기도 한다. 때로는 목표에 대한 새로운 도전의식을 심어주고 가슴속에 새로운 활력을 불어넣는다. 이런 관점에서 우리는 매일 발생하는 문제를 해결하기 위해서 살아간다고 해도 과언이 아니다. 문제는 어떻게 바라보는가에 따라서 짐이 될 수도 있고 불편하고 짜증스러운 원인이 될 수 있다. 문제를 존재하면 안 되는 것, 우리가 잘못해서 발생하는 것으로 바라보면 더욱 그러하다.

이 책에서는 개인적인, 직업적인 생활에서 발생되는 일(Work)을 문제(Problem)로 바라보면서 문제해결을 특별한 상황이 아니라 일상의 단면으로 바라보았다. 생각을 바꾸면 문제는 더 이상 문제가 아닐 수 있다. 문제해결을 하루 동안 진행하는 일로 바라본다면, 어려운 것, 힘든 것, 하기 싫은 것이 아니라 그냥 자연스럽게 받아들일 수 있는 생활 속의 평범한 활동으로 여길 수 있다. 그런 측면에서 스킬적인 측면이 아니라 문제를 바라보는 자세와 태도에 초점을 맞추어 기술하였고, 모든 것을 다 하려 하기보다는 선택과 집중을 통해 핵심에 집중하여 스마트한 문제해결을 위한 프로세스를 제시하였다.

이와 같은 내용의 전개를 위해서 생각하고 일하는 것에서 관점의 전환을 강조하였다. 첫째, 문제를 바라보는 관점의 전환이다. 많은 사람들에게 '문제란 무엇인가?'라고 질문하면, 있으면 안 되는 불편한 사건이나 상황으로 정의한다. 그러다보면 문제의 본질을 보고 문제해결을 하기보다는 문제로부터 빨리 탈출하는 방법만 찾게 된다. 이것이 바로 임기응변, 전시행정, 눈 가리고 아웅 식의 문제해결이다. 가장 바람직한 문제해결이란 '문제를 있는 그대로 바라보면서 일상의 단면으로 긍정적인 관점에서 바라보는 것'이다.

영화배우이자 영화감독이었던 찰리 채플린은 "거리에서 사람을 죽이면 범죄자가 되지만 전쟁터에서 사람을 죽이면 영웅이 된다"라고 하였다. 당신 인생에서 가장 걸작은 무엇이냐는 질문에는 항상 '다음(Next)'이라 말했고, "인생을 롱 샷으로 찍으면 희극이고 클로즈업으로 보면 비극이다"라며 오늘보다 나은 내일을 얘기했다. 그의 말처럼 모든 것은 보는 관점에 따라 해석과 판단이 달라질 수 있다. 이처럼 문제해결도 우리가 어느 관점에서 바라보는가에 따라서 힘겹게 할 수도 있고, 편안한 마음으로 즐기면서 할 수도 있다.

둘째, 문제해결을 통해 얻고 싶은 긍정적인 소망성과에 대한 관점의 전환이다. 소망성과가 크고 분명할수록 현재의 문제와의 차이가 벌어지면서 문제의 본질을 제대로 볼 수 있게 된다. 본질을 제대로 바라보면 근본적인 대안을 제시할 수 있고, 문제를 창조적으로 해결할 수 있게 된다. 따라서 문제해결을 통하여 기대하는 혹은 소망하는 바를 크고 분명하게 만들어야 한다. 그러면 현재의 문제는 부담스러운 상황이라기보다 나은 미래를 약속하는 기회 요인이 된다. 자신의 문제, 조직의 문제, 국가의 문제를 성공적으로 해결한 사람들은 모두 높은 소망성과를 가지고 문제해결에서 발생하는 모든 역경을 이겨냈다. 대표적인 예로 이순신 장군을 들 수 있다. 장군이 12척의 배로 명량해전에서 대승을 거둔 배경에는 명량에서 반드시 승리하고자 하는 장군의 의지가 너무 강하고 분명하였기 때문이다.

'죽기를 각오하면 살 것이고, 살고자 하면 죽을 것이다(必死則生必生則死).' 이 고사성어는 그 당시 장군의 소망과 의지를 강건하게 대변하는 말이다. 이와 같이 문제를 바라보는 관점을 긍정적으로 가지고 높고 분명한 소망성과를 가지고 있으면 가슴속에 문제를 해결하고자 하는 절박한 열망인 문제의식이 생기게 된다. 이 문제의식이 제대로 형성된다면 그 문제의 절반은 해결되었다고 보아도 무방하다.

이처럼 가장 바람직한 문제해결은 문제의 상황이 아니고, 문제의 본질을 해결하는 것이다. 따라서 본 책에서는 소망성과 달성을 위한 문제의식에 가장 먼저 초점을 맞추고, 이를 기반으로 한 합리적이고 창의적인 '문제해결'의 프로세스 중심으로 기술하였다. 이를 통해 문제해결을 우리 주변에서 일상적으로 발생하고 해결되어 성숙하는 일상의 단면으로 바꾸고자 하였다. 문제해결의 성공과 실패는 바로 문제의식에서 결정되는 경우를 많이 보아왔기 때문이다.

이제부터는 문제를 나의 성장을 돕는 좋은 친구로 생각하면서 문제해결을 하나의 놀이처럼 받아들이자, 그러면 문제해결 활동은 분명 즐거운 경험이 될 것이다.

송종영

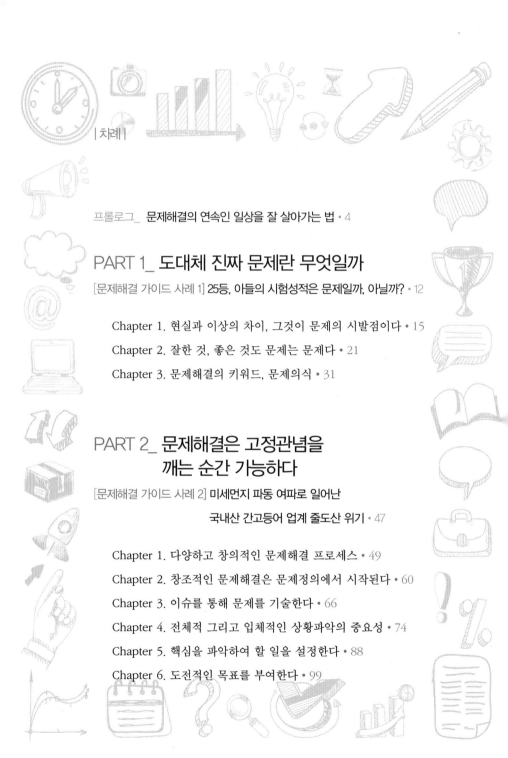

| 차례 |

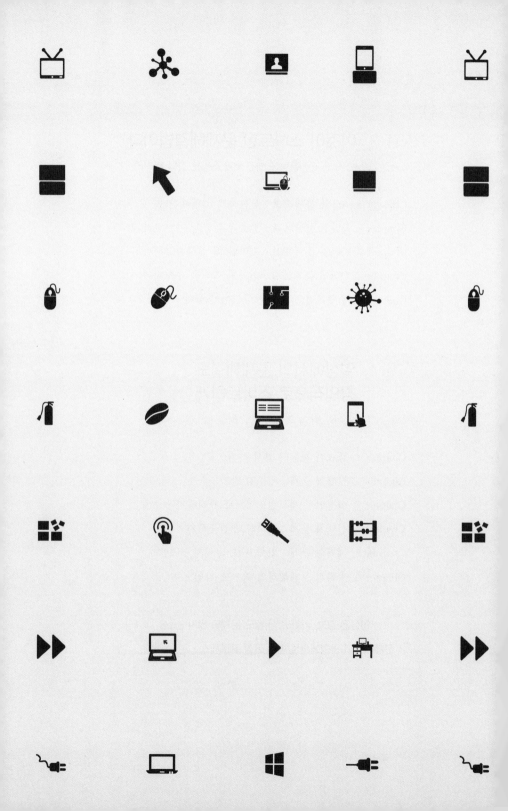

Part 1

도대체 진짜
문제란 무엇일까

25등, 아들의 시험성적은 문제일까, 아닐까?

아들의 초등학교 시절 성적은 아무런 문제가 없었다. 항상 빠지지 않는 선생님의 코멘트는 '성실하고 급우들과 잘 놀며 항상 명랑하다'는 것이었다. 성적표는 등수로 순위를 매겨 나오는 것도 아니었고, 학교생활을 잘하고 있는지에 대한 태도 중심의 기술이었다. 이런 아들은 나에게는 항상 '똑똑한 장군감'이었다.

하지만 초등학교를 졸업하고 중학교에 입학하여 첫 중간고사의 결과는 놀라웠다. 반에서 25등이었다. 나는 상위권은 아니지만 중간 정도의 수준이라 생각하면서 그런 대로 만족하고 아들의 등을 두드리며 격려해주었다. "아들아, 중간은 했네, 아빠도 중간부터 시작했단다. 차근차근 올라가면 상위권으로 올라갈 수 있어. 열심히 해"라고 격려했다.

대다수 부모는 자녀의 성적이 그리 만족스럽지 않으면 공부가 전부는 아니라고 생각한다. 나름대로 위안의 구실을 만들어 놓는 것인데, 나의 위안의 기준은 앞서가지도 말고 처지지도 말고 최소한 중간은 해야 한다는 것이었기 때문이다. 그러자 집사람이 내 등을 꽉 치면서 한마디 했다.

"당신 학교 다닐 때는 한 반이 대략 70명 정도라서 25등이면 중상(中上)은 맞는 데, 지금은 한 반이 40명이에요, 그것도 신규 입주하는 아파트로 5명이 전학을 가서 35명이니, 25등은 하위권이네요."

이 말을 듣는 순간 가슴이 답답하면서 그동안 아들에게 기대해왔던 모든 것이 무너지는 것 같았다. 가문의 영광은 아니라도 가문을 욕되게 하지는 말아야 하는

데, 이것이 무슨 날벼락인가 하는 생각이 들었다. 늦었지만 아빠로서 공부의 중요성을 구구절절 역설하게 되었다. 공부를 왜 해야만 하는지, 장래 무엇이 되어야 하는지, 아빠가 아들에게 기대하는 부모로서 소박한 마음이 무엇인지에 대해서 일장훈시를 한 것이다.

그러자 아들이 인상을 찌그리면서 내 눈을 바라보지도 않은 채 말했다.

"알았어, 공부 열심히 하면 되잖아."

Chapter 1

현실과 이상의 차이,
그것이 문제의 시발점이다

문제를 만드는 것은 종종 문제를 해결하는 것보다 더 중요하다.

왜냐하면 문제해결은 단지 수학적이거나

실험적인 기술상의 문제일 수 있기 때문이다.

— 딜론Dillon —

"문제다. 문제야!"

일이 꼬여서 잘 진행되지 않을 때, 대인 관계에서 원하는 대로 풀리지 않을 때, 진행되는 일의 성과가 신통치 않을 때, 어느 날 갑자기 사태가 더욱 악화되고 있을 때 우리는 '문제'라는 말로 그런 상황을 표현한다. 직업적이나 개인적인 생활에서 늘 문제를 가지고 살아가고 있으니 우리의 삶 자체가 이러한 문제를 해결하며 살아가는 과정의 연속이라 할 수 있다. 문제가 생겨 고민할 때는 골머리를 앓으면서 심하면 우울증까지 걸릴 수 있으나, 문제가 없어 마냥 좋은 날은 현재의 삶이 영원히 지속되기를 기원한다. 그러나 그것은 문제가 없어 보이는 것뿐이다. 1차 욕구가 충족되었기 때문에 문제로서 느끼지 못할 뿐이지, 문제가 완전히 해결된 것은 아니다. 어느 날 기대하는 또 다른 욕구가 생기면서 그 기대를 통해 제2의 다른 문제를 느끼게 되기 때문이다.

그러면 우리가 문제를 인지하는 경로는 어떻게 될까? 현재의 상태가 마음에 들지 않을 때가 바로 문제라고 느끼는 출발점이다. 그 불편함은 우리가 현재의 상태에서 기대하는 바가 크면 클수록 더욱 명확하게 느낀다. 〈문제해결 가이드 사례 1〉에서 제시하였듯이, 아빠로서 아들의 현재 성적에서 느끼는 실망과 상실감이 컸기에 이를 문제로 인식한 것이다. 그렇다면 이러한 실망과 상실감은 어디서 비롯된 것일까?

그것은 아들에 대한 기대감이 컸던 탓이다. 애당초 기대하는 바가 크지 않았다면 '성적이 대수냐? 무럭무럭 튼튼하게만 자라다오, 앞으로 잘하면 되지 뭐!'라는 생각으로 대수롭지 않게 넘겼을 것이다. 그러나 기대하는 바(반에서 5등 이내)가 너무 컸기 때문에 거기에 못 미친 아들의 형편없는 성적(반에서 25등)을 심각한 문제로 느낀 것이다.

[문제 상황 1] 25평 전세에 살면서 내 집 마련의 소망을 가지고 있는 주부라면 25평 전세에서 사는 현재 상황을 문제로 인식하게 될 것이다. 가급적 빨리 32평대의 내 집을 마련하고자 고민하면 할수록 현재의 전셋집을 문제로 느끼게 되고 더욱 큰 평수의 내 집 마련을 위한 방안을 마련하게 된다.

[문제 상황 2] 승진을 앞둔 김 대리의 바람은 빠뜨리지 않고 제때에 진급하는 것이다. 그러나 지금 고과가 좋지 않고 승진을 장담할 수 없는 상황이면, 현재의 나쁜 고과는 문제가 된다. 승진하고 싶으면 남은 기간 나쁜 고과를 만회하기 위해 다양한 노력을 시도하게 된다.

우리주변에서 항상 발생하는 상황이지만, 기대하는 소망(Should)이 있기에 현재 상황(Actual)에 만족하지 못한다. '가진 사람이 더 한다'는 말이 있듯이, 높이 올라갈수록 더 넓은 세상이 보이고 기대는 그만큼 더 커지게 되는 게 인지상정이다. 기대가 커질수록 현실에 대한 불만족(Gap)도 커진다. 불만족은 서서히 자신의 문제(Problem)를 들추어내게 되고 문제에서 벗어나고 싶은 욕구로 발전하게 된다.

이 욕구가 절박하면 절박할수록 '어떻게 이 문제를 해결하지?'라고 끊임없이 고민하면서 문제해결의 활동에 나서게 된다. 그런 점에서 대다수 학자들은 '문제는 현재 상태와 도달하고자 하는 목표상태(소망성과)와의 차이를 인지했을 때 지각된다'고 했으며, 문제해결은 그 차이를 줄이는 과정이라고 견해를 제시한다(Kahney, 1986[2] ; Pounds, 1969[3]).

- 32평대의 내 집 마련(소망성과)의 꿈을 가지고 있는 주부에게는 25평의 전세(현재상태)는 탈피하고 싶은 문제로 여겨진다.
- 누락하지 않고 제때에 승진(소망성과)하고자 하는 김 대리는 현재의 나쁜 고과(현재상태)를 빨리 해결해야 할 문제로 인식한다.

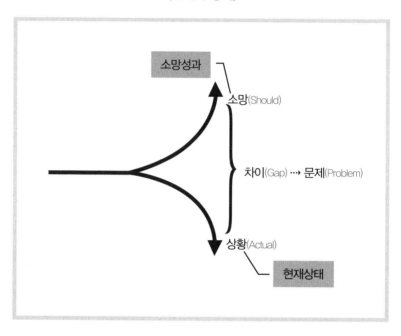

이와 같이 문제는 소망성과와 비교해서 현재의 상태가 얼마만큼 차이가 벌어졌는지를 통하여 느끼게 된다. 아예 기대하는 소망성과가 없으면 문제를 인지하지 못하게 된다. 그러나 우리는 개인적인(Life) 측면이나 직업적인(Work) 면에서 크든 작든 기대하는 바가 있으므로 많은 문제를 접하는 것이다.

간단하게 일상적인 문제에 대해 살펴보자. 아침은 따뜻한 커피 한 잔을 곁들인 토스트를 먹고 싶지만, 실상은 너무 바빠서 바로 나가야 한다면, 먹고 싶은 토스트를 먹지 못한 것은 나의 일상의 문제 중 하나가 된다. 프로젝트 설명회에서 고객들의 높은 관심 속에 계약 성사를 이끌어 내야 하지만 경쟁이 치열해 달성 여부를 장담할 수 없다면, 계약 여부를 장담할 수 없는 것이 직업적인 측면에서의 문제이다. 이렇게 살펴보면 우리 주변에서 일어나고 있는 모든 것이 문제이고, 우리는 문제를 해결하기 위해 살아가고 있다고 말할 수 있다. 그러므로 문제를 바라볼때, 실패한 것, 미진한 것, 괴로운 것으로만 바라보지 말고 이루어지기를 간절히 바라는 소망성과로 여기는 것이 바람직하다. 그럴 경우 긍정적인 관점에서 현재 상황이 보이면서 소망성과 달성을 위해 차이(Gap)를 줄이는 문제해결 활동이 즐겁게 느껴질 수 있다.

- 출근 시간 늘 시간이 없어 후다닥 뛰어나가지만 따뜻한 커피 한 잔과 토스트를 먹으려면 어떻게 해야 할까?
- 경쟁이 치열하지만, 고객들을 설득하여 계약을 체결하려면 어떻게 해야 할까?

그러나 많은 사람들은 문제를 현재상태 중심으로만 바라보는 경향이 있다. 섭섭한 것, 아쉬운 것, 기분 나쁜 것, 짜증나는 것, 화나는 것, 울고 싶은 것 등으로 바라본다면 불평, 불만이 쏟아질 것이다.

- 아침부터 재수 없게 되는 일이 없어.
- 개나 소나 다 끼어드네, 오늘 계약은 망쳤다.

이와 같이 문제는 어떤 관점에서 바라보는가에 따라 느끼는 감도도 다르고, 문제해결을 위한 접근방법도 달라진다. 그러므로 문제를 소망하는 것이 있기에 해야 할 일로 바라보자. 그러면 문제가 생활의 한 단면으로 다가오면서 긍정적으로 느껴지면서 친숙하고 자연스럽게 여겨질 것이다.

Chapter 2

잘한 것, 좋은 것도
문제는 문제다

어려움을 겪다 보면 기회가 찾아오기 마련이다.

어제와 똑같이 살면서 다른 미래를 기대하는 것은 정신병 초기 증상이다.

– 앨버트 아인슈타인Albert Einstein –

현재의 상태와 기대하는 바와의 차이를 통해서 문제를 인지한다면, 크게 두 가지로 분류할 수 있다. 첫 번째는 기대한 바에 미치지 못하는 경우이다. 예를 들어, 아들에게 기대한 성적이 5등 이내 상위권인데 25등을 하였다면 목표에 미달한 것 자체가 문제가 된다. 이것은 문제가 발생된 상태이니 '발생형 문제'이면서 '위기의 문제'라고 한다. 대다수의 경우에는 이것을 문제라고 지목한다.

두 번째는 초과 달성한 경우이다. 달리 표현한다면 너무 잘한 것도 문제가 될 수 있다. 예를 들어 아들에게 10등 수준의 중상위권을 바랐는데 2등을 하였다면 이것도 너무 잘해서 문제인 것이다. 기대하는 바를 넘어서는 초과 달성으로 차이가 발생하였기 때문이고, 이것을 우리는 '설정형 문제' 혹은 '기회의 문제'로 표현한다. 그러나 우리는 잘한 것, 초과달성한 것은 문제로 보지 않고 행운·축복·영광으로 생각하는 경향이 크다.

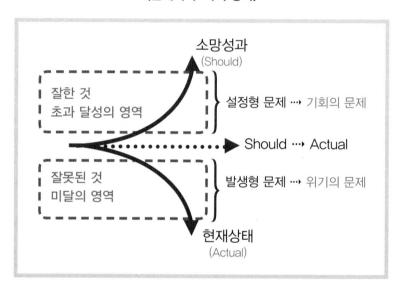

〈문제의 두 가지 영역〉

[문제 상황 3] 2002년 월드컵에서 히딩크 감독이 이끄는 한국대표팀은 당초 목표 16강을 넘어 4강 신화를 달성하였다. 더욱 감격스러운 것은 폴란드, 포르투갈, 이탈리아, 스페인을 차례로 격파하고 한국축구 100년 역사상 최고의 업적을 이루어낸 것이다. 이와 같은 한국축구의 빛나는 성과는 문제일까? 축복일까?

당연히 우리는 모두 한국축구의 성공신화를 문제로 보지 않고 축복으로 생각하였다. 그러나 분명히 목표를 뛰어넘어 초과달성을 하였으니 차이(Gap)가 발생하였다. 그 차이를 우리는 문제로 보지 않고 신이 내린 선물로 여겼다. 그래서 차이를 줄이는 방법을 생각하는 데 소홀함이 있었다.

사람들은 통상적으로 발생형 문제가 생기면, 안 좋은 상태를 만회하기 위해서 절박한 마음으로 문제해결을 하지만, 잘된 상황에서는 일단 한고비 넘겼다는 마음의 여유를 가지는 경향이 있다. 즉, 절박감이 사라지면서 차이를 제대로 보지 못하는 것이다. 그러나 한국축구의 4강 신화 달성을 축복보다는 새로운 기회의 문제로 보았다면 아마도 다음과 같은 문제해결 경로를 거쳤을 것이다.

- 기회의 문제 : 한국축구 4강 신화 달성
- 한국축구 무엇 때문에 16강을 넘어 4강까지 올라갔을까?
- 한국축구의 4강 신화 달성의 원동력은 무엇일까?
- 한국축구가 4강 이상의 성적을 계속 유지하려면 어떻게 해야 하는가?

이렇게 한국축구의 성공 요인을 분석하였을 것이고, 그 상태를 지속적으로 유지하기 위한 창의적인 대안을 마련했을 것이다. 문제해결의 성공여부는 문제발생의 재현성을 가지고 평가한다. 문제를 발견하여 해결하였다면 그 문제는 다시금 발생하지 않아야 한다. 만약에 그 문제가 다시 발생한다면 그 문제해결은 임기응변이나 미봉책에 불과한 것이다. 그러나 앞서 말했듯 너무 잘해서 성공의 신화가 큰 문제일수록 달성된 상태를 축복이나 행운으로 생각하고 문제로 보지 않는 경우가 많다. 그러다 보니 차이에 대한 민감성이 떨어지고, 다시 원상태로 돌아와서도 무엇이 잘못되었는지를 간과하는 경향이 있다.

한국축구의 4강 신화를 우리 모두가 축복이나 행운으로 생각하지 않고 문제로 받아들였다면 오늘날 한국축구는 좀 더 진전된 상황으로 전개되었을 것이다. 다시 말해서, 한국축구의 위기의 문제와 기회의 문제에 대한 본질적인 성찰을 하였을 것이다. 한국축구의 단점은 보강하고 장점은 더욱 강화하는 문제해결 활동이 심도 있게 전개되어, 한국축구의 고질적인 문제도 상당부분 해결하였을 것이다.

그러나 지금의 한국축구는 다시금 히딩크 감독 이전의 모습으로 돌아가 있다. 1차 목표는 월드컵 본선에 진출하는 것이고, 2차 목표는 16강을 돌파하는 것이다. 3차 목표는 8강에 올라가는 것인데, 많은 국민들은 4강까지는 달성할 수 없는 꿈의 목표로 여긴다. 그러므로 한 번의 성공 신화에서 벗어나 지속적인 성장을 하기 위해서는 우리가 잘하는 것, 우리에게 좋은 것을 기회의 문제로 바라보고 강점 관리를 할 필요가 있다. 그러기 위해서는 끊임없이 기대하는 소망성과 혹은 달성 목표를 상향 조정하는 것이 중요하다.

문제해결을 통하여 목표를 달성했으면 달성된 목표를 현재 상태로 설정하고 또 다른 소망성과 혹은 달성목표를 다시 상향 설정하는 것이다. 그래야만 현재의 상태(Actual)와 기대하는 바(Should)와의 차이(Gap)가 커지면서 문제(Problem)가 제대로 보이게 된다. 문제해결을 잘하는 사람, 조직, 국가 혹은 성공하고 승리하는 사람, 조직, 국가는 끊임없이 소망과 목표를 상향조정하였고 절박한 위기의식을 키워나갔다. 그리고 그 문제를 해결하기 위해 지속해서 강점을 발굴하여 강화하여 나갔다. 이와 같이 제1의 성공, 제2의 성공, 제3의 성공을 유지하는 지속성장의 비결은 '잘하는 것을 더욱 잘하게 하는 문제해결의 노하우'에 있고, 다음과 같은 전략적 대응이 필요하다.

〈문제해결의 터닝 포인트 전략〉

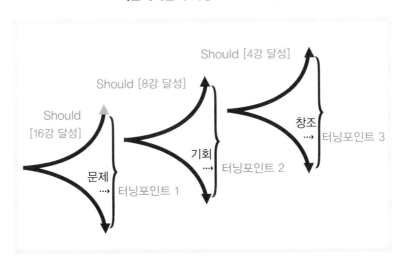

첫 번째, 잘한 것을 더욱 잘하게 하기 위해서는 터닝 포인트(Turning-

Point) 전략이 있어야 한다. 이 전략의 시발점은 문제를 기회로 만드는 것이다. 먼저 문제를 있는 그대로 바라보고, 긍정적인 관점에서 소망성과와 문제와의 차이(Gap)를 줄이는 전략을 마련한다. 차이가 크면 클수록 도전정신이 생기게 되고 성과도 클 수 있다.

두 번째, 기회를 더 큰 기회로 만드는 전략이다. 문제해결 성공을 통해 나타난 성과를 새로운 문제로 바라보는 것이다. 그러면 또 다른 소망성과가 생기고 더 큰 기회를 창출하는 문제해결 활동에 돌입하게 된다. 그러나 많은 문제해결 활동이 성과가 크면 클수록 축복으로 받아들이면서 여기서 멈추는 경우가 많다.

세 번째, 기회를 창조로 만드는 터닝 포인트 전략이다. 이제부터는 기존의 방식을 탈피해야 한다. 없는 상태에서 성과를 일구었다면 이제는 꼭대기까지 올라온 상황이다. 그동안은 위를 보면서 있는 길을 빨리빨리 올라왔지만, 이제부터는 없는 길을 새롭게 개척하면서 차별적이고 창의적인 사고로 새로운 것을 창조해야 한다. 문제와 소망성과에 대한 재정의가 필요하고 창조적인 전략이 필요한 시점이다. 이처럼 끊임없이 상승의 계단을 타고 올라가면서 문제와 소망성과 사이의 차이를 줄이는 터닝 포인트 전략이 필요하다.

[문제 상황 4] 2003년, 대한민국 로또 역사상 두 번째로 많은 금액인 242억 당첨자가 나왔다. 로또 당첨확률이 8백만 분의 1로 벼락 맞아 죽을 확률보다도 낮은 수치임을 감안하면, 이것은 축복이나 횡재라는 단어조차 어울리지 않는 신의 장난이

었다. 그런데 당첨자는 그 많은 돈을 5년 만에 모두 탕진하고 사기꾼으로 구속되었다[4].

터닝 포인트 전략에서 살펴보면, 애당초 이 로또 당첨자에게는 문제란 존재하지 않았고 너무나 벅찬 신의 축복(횡재)만이 있었다. 그래서 자신에게 다가온 문제를 제대로 바라볼 수가 없었고, 축복을 보다 큰 기회로 전환시키는 터닝 포인트 전략이 없었던 것이다. 190억 가까이 되는 수령액을 5년 만에 썼으니 신의 축복에 그저 황당하게 지냈던 것임을 예측할 수 있다. 많은 사람들은 이런 사건을 빗대어 '부자(금수저)는 아무나 되는 것이 아니고 하늘이 내린다'는 옛말로 표현한다. 그러나 이 말에 전적으로 동감하고 싶지는 않다. 금수저는 선천적으로 타고날 수도 있지만 후천적으로 개발할 수 있고, 실제로 신흥 금수저들이 많이 나오고 있기 때문이다.

항상 시간과 장소와 상황을 구분하지 않고 문제를 제대로 인지할 수만 있다면, 문제를 통해 변신하는 터닝 포인트 전략이 있다면, 어느 날 갑자기 다가온 금수저는 더욱 큰 기회가 될 수 있다.

지금도 1주일에 여러 명의 로또 당첨자가 나오고 있다. 아마도 로또의 행운아 중에는 기회를 더 큰 기회로 만들면서 성공의 가도를 달리는 사람들도 있을 것이다. 그들은 자신에게 다가온 터닝 포인트의 기회를 잘 살려 창조적으로 변신한 사람들임이 분명하다.

[문제 상황 5] 2016년 1/4분기 기준으로 세계 스마트폰 판매량은 삼성이 1위(≒7900만대), 애플이 2위(≒5,120만 대)이고, 그 뒤를 중국 업체들(화웨이, 오포, 샤오미, 바이보)이 빠르게 따라잡고 있다. 특히 중국의 스마트폰 브랜드는 디자인, 성능, 가격 등에서 세계적으로 고객들에게 인지도가 높아지고 있는 상황이다[5].

2천 년대 초반 스마트폰 시장은 애플의 독무대였고, 삼성은 애니콜의 성공신화에 빠져 스마트폰에 대한 대응에 소홀함이 있었다. 2010년 이건희 회장[6]은 삼성전자 회장으로 경영일선에 복귀하면서 '위기론'을 통하여 삼성의 문제를 전 임직원에게 절박하게 각인시켰다. '지금이 진짜 위기다. 글로벌 기업이 무너진다. 삼성이 어찌될지 모른다. 10년 안에 삼성이 대표하는 모든 사업과 제품이 사라질 것이다. 다시 시작해야 한다.'

이를 계기로 애플(소망성과)과의 격차(Gap)를 줄이기 위한 강력한 드라이브가 걸리면서 초 가속적으로 추격에 나선 것이다. 이와 같은 노력의 결과로 2015년도 상반기에 삼성은 글로벌 판매량에서 애플을 앞서면서 선두를 고수하고 있다. 그러나 스마트폰 성공신화도 잠시, 이제는 쫓는 자에서 쫓기는 자의 신세가 되었다. 중국이라는 거대한 복병이 등장하면서 이제까지의 1:1 경쟁 구도에서 각기 다른 성향을 가진 다수(화웨이, 오포, 샤오미, 바이보)와 동시에 치열한 경쟁을 일으키고 있다. 따라서 스마트폰 시장에서 삼성의 터닝 포인트 전략은 첫 번째가 애플을 따라잡는 것이고, 두 번째가 글로벌 1위로서 성과를 최대한 도출하는 것이었다면, 세번째는 추격자들이 더 이상 따라올 수 없도록 한 번도 가보지 않는 미지의 길을 선도적으로 개척하면서 새로운 창조의 신화를 만들어 내는 것이라 할 수 있다.

- 삼성의 터닝 포인트 전략 1) 애플을 따라잡는 것
- 삼성의 터닝 포인트 전략 2) 글로벌 1위로서 성과를 최대한 도출하는 것
- 삼성의 터닝 포인트 전략 3) 미지의 길을 창조적으로 개척하는 것

이와 같은 터닝 포인트 전략이 성공하기 위해서는 가속화(Speed) 전략(보잉 747론7))이 필요하다. 비행기가 활주로를 달려 공중으로 뜨려면 몇 분 안에 1만 미터 상공까지 올라가야 한다. 순식간에 올라가는 비결은 처음보다 더 빠른 가속화로 출력을 높이는 것이다. 만약 가속에 실패하면 비행기는 추락하게 되거나 공중폭발하게 된다. 가속화는 각 터닝 포인트의 단계별로 끊임없이 이루어져야 한다. 어느 한 곳에서 가속화에 실패한다면 높이 올라간 만큼 추락의 강도는 세질 것이다.

문제해결도 마찬가지이다. 성공에 도취하지 말고 더욱 절박하게 가속해야 한다. 가속에 실패하면 다시금 원상태로 돌아올 수 있고 상황이 더욱 악화할 수도 있다. 가속을 통하여 창공으로 일단 올라가면 더욱 넓은 세상이 보인다. 이제부터는 확장된 시야와 긴 안목으로 새로운 가치를 창조하면서 문제를 선도적으로 관리할 수 있는 위치에 오른 것이다.

가속화를 통하여 소망성과(Should)와 현재 상태(Actual)의 차이(Gap)

를 신속하게 줄이기 위해서는 차이를 줄이고자 하는 절박한 문제의식이 있어야 한다. 차이를 줄이는 방법은 소망성과를 내리는 방법과 현재 상태를 높이는 방법이 있다. 전자는 문제해결을 함에서 큰 벽에 부딪혀 포기하는 것을 말한다. 이런 자세는 현실에 안주하는 모습으로 문제가 항상 잠재되어 있어 끊임없이 또 다른 문제를 일으킨다.

후자는 문제해결에 대한 도전정신, 강한 의지를 말하는 것으로 문제해결자의 문제의식을 의미한다. 이것이 있어야 위기의 문제를 기회의 문제로 만들고, 기회의 문제를 창조의 문제로 만들면서 끊임없이 지속 성장의 발판을 마련할 수 있다. 그러기 위해서는 잘 안된 것, 미달한 것, 부족한 것 중심으로만 문제를 바라보지 말고, 잘한 것도 문제로 바라보는 문제의식이 제대로 형성되어 있어야 한다. 터닝 포인트 전략의 기본은 문제를 긍정적인 관점으로 바라보는 것이고, 현실에 안주하지 않고 미래를 선도적으로 주도하는 것이다.

Chapter 3

문제해결의 키워드,
문제의식

"언론인이 되고 싶다면 문제의식을 늘 연마해두는 게 좋을 것이다.
문제의식이 있어야 문제가 발견되고, 문제를 발견해야 문제를 제기할 수 있으며
문제를 제기해야 문제가 해결된다."

— 손석희JTBC 보도부문 사장 —

문제해결을 성공적으로 하기 위해서는 무엇이 가장 중요할까? 바로 문제해결자의 문제의식이 가장 중요하다. 문제의식(Critical Mind)은 소망성과(Should)와 현재상태(Actual) 사이에서 차이(Gap)를 느끼는 순간, 그 차이를 줄이고자 하는 절박한 욕구를 말한다.

단지 문제를 인지한다고 해서 생기는 것은 아니다. 문제가 무엇인지 머리로 깨달았다면 절박하게 가슴으로 느껴야만 생긴다. 그래야 자발적으로 발로 뛰는 실행력이 생기고 문제해결이 단계별로 진행되는 것이다. 달리 말하면 문제를 인지하는 순간 문제의식이 동시에 생겨야만

〈문제 의식〉

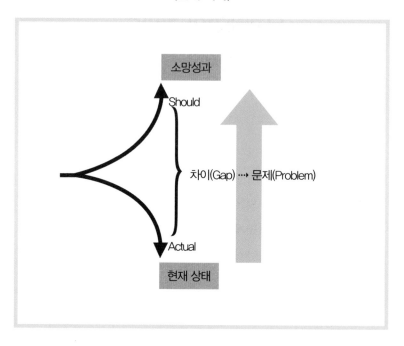

문제해결이 성공적으로 이루어진다고 할 수 있다. 그러므로 성공적 문제해결을 위해서 문제의식은 필수의 조건이다. 절박한 문제의식을 키우기 위해서는 다음의 세 가지 조건이 충족되어야 한다.

- 첫째, 소망성과(Should)를 명확히 한다.
- 둘째, 현재 상태(Actual)에 안주하지 않는다.
- 셋째, 큰 차이(Gap)를 통해 절박하게 문제를 받아들인다.

첫째, 소망성과를 명확히 한다. 우리는 직업적인(Work) 측면에서 개인적인(Life) 측면에서 항상 기대하는 소망성과를 가지고 살아간다. 아무 생각이 없이 살아가는 사람도 기대하는 바는 가지고 있다. 단, 그것을 얼마만큼 절박하게 받아들이고 있는가의 차이가 그 사람을 성공의 길로 혹은 실패의 길로 인도하는 것이다. 아침 일찍 기차를 타기 위해 역에 가보면 많은 노숙자를 보게 된다. 그때마다 항상 드는 생각은 '사지가 멀쩡한 사람이 왜 노숙을 할까?'이다. 하루 막노동을 하면 남에게 구걸하는 돈보다는 많은 수익이 생기고 좀 더 인간적인 면모를 가지고 자유로울 수 있지 않을까?

그런데 왜 그들은 그런 상태로 그냥 있는 것일까? 아마도 삶에 대한 소망이 무너졌기 때문일 것이다. 어쩌면 현재의 상태와 소망과의 차이가 너무 커서 아예 포기한 상황일지도 모른다. 포기하면 문제는 작아진다. 문제의 크기를 키워야만 도전하게 되고 그것을 통해 위기를 기회로 바꾸고자 하는 욕구도 생긴다. 이 욕구를 문제의식이라고 하며, 이것이 커야만 기회를 통해서 성공을 만들어 낼 수가 있다.

그런 측면에서 소망성과는 문제해결을 위한 방향성을 내포하고 있다. 구체적으로 말하면 크게는 미션(Mission)이나 비전(Vision)으로 말할 수 있고, 세부적으로는 목표(Goal)라 할 수 있다. 이런 소망성과가 없으면 현재대비 기대치가 생기지 않아 문제를 느낄 수 없게 된다. 성공하는 사람, 조직, 국가들은 하나같이 소망성과가 크고 분명하였고, 그것을 모든 사람들이 마음속으로 절박하게 받아들였다.

성공의 비밀 《시크릿(Secret)》[8]에서도 성공 창조의 과정을 '구하라, 믿어라, 받아라' 3단계로 정의하고, 첫 단추로 '구하라'를 강조한다. 즉, 소망하는 바를 분명하게 하라는 것이다. 문제해결의 시발점은 먼저 문제해결의 주체가 되는 자신이 무엇을 원하는지 명확히 정의하고 절박하게 원하는 가에 달려 있다. 그러나 많은 경우 소망성과를 막연히 생각만 하고 문제해결에 뛰어든다. 그러다 보면 방향성이 없어 문제해결이 흐지부지 되어버리게 된다. 진정으로 문제를 해결하고 싶으면 먼저 이루고자 하는 소망성과를 명확히 하는 절박한 몰입의 과정이 필요하다.

- 문제해결을 통하여 진정으로 바라는 소망은 무엇인가?
- 그것은 나에게 어떤 의미가 있는가?
- 그것은 나의 인생에 어떤 보람을 가져다줄 것인가?

16년 동안의 직장에서 HRD 담당으로 근무하면서 필자에게는 한 가지 명확하고 분명한 소망이 있었다. 바로 '변화와 희망을 전파하는 최고의 명강사가 되자!'는 것이었다. 이것은 삶의 소망이었고 항상 가슴에 간절히 품고 있었다. 소망이 명확하니까 필자의 문제가 제대로 보였다. 직장생활 하는 동안 이를 위해 하나씩 준비하였고, 2005년 퇴직 후 곧바로 필자의 평생직업으로 연계해 나갈 수 있었다.

직장을 나오고 자리를 잡지 못하는 많은 사람들을 보면 직장생활 이후에 무엇을 할 것인가에 대한 소망성과가 없거나 명확하지 않은 경우가 태반이다. 막연히 일 년 동안 쉬면서 무엇을 할 것인지 생각해 보겠다고들 한다. 그러면 안 된다. 그러다 보면 생각의 시간을 흐지부지 흘려버리고 성과도 미미해질 확률이 높기 때문이다.

세상은 갈수록 빠르게 진화한다. 최신 핸드폰을 구하는 순간 얼마 가지 않아 구형으로 변해 버린다. TV에 신곡이 발표되면 다음 주에 새로운 신곡의 인기에 밀려 버린다. 새 차를 사면서 디자인, 성능, 가격, 편의 장치 등 많은 고민을 한다. 그러나 사면 또다시 신차가 등장하기 마련이다. 차라리 환경변화에 둔감하게 살면서 현실에 적응하는 것이 후회 없이 편하게 사는 방법이라 생각이 들 때도 있다.

이처럼 빠르게 변화가 이루어지고 새로운 트렌드(Trend)가 창조되는 시대에는 자신만의 명확한 구심점이 없으면 의미 없이 표류하게 된다. 진정으로 원하는 소망성과를 명확히 하고 급변하는 변화에 선도적으로 방향성을 맞추어 나가는 것이 개인적 · 직업적인 문제를 효과적으로 해결하는 방법일 수 있다.

둘째, 현재 상태에 안주하지 않는다. 현재 상태란 '문제를 바라보는 관점'을 의미한다. 똑같은 상황에서도 문제를 바라보는 관점에 차이가 있으면 문제를 서로 다르게 인지하게 되어 누구에게는 문제가 되기도 하고, 누구에게는 문제로 여겨지지 않기도 한다. 아들의 성적 25등이 나의 관점에서는 문제가 되지 않지만, 아내의 관점에서는 문제가 되듯이 말이다. 그러므로 현재의 상태에서 문제를 바라볼 때는 바라보는 관점을 명확히 설정하고 그 관점에서 현상을 있는 그대로(Fact) 바라보는 자세가 중요하다.

- 아들의 성적이 반에서 25등이다.
- 현재 나는 25평 전세에 살고 있다.
- 진급심사를 6개월 앞둔 시점에서 고과가 C이다.

이와 같이 현재 상태(Actual)는 기대하는 수준 이하로 불편한 마음과 동시에 극복하고자 하는 의지를 내포하고 있다. 소망성과(Should)에 비추어 현재 상태를 바라볼 때 그 차이만큼 문제(Problem)로 느껴지게 된다. 그러나 현재 상황에 안주하고 기대하는 바가 없으면 문제를 문제로서 느끼지 못한다. 가끔 주변 사람으로부터 이런 말을 듣는 때가 있다.

'생각 좀 하고 살아라.'

상당히 자존심 상하는 말이지만 그 말 속에서 상대방이 문제라고 생각하고 있는 것을 필자는 문제로서 인식하고 있지 않을 때 듣게 된다.

한때 휴대폰의 강자를 들라면 노키아를 말했다. 잘 나갈 때는 세계 시장점유율이 40% 이상 차지하였고, 핀란드 경제의 50% 이상을 책임지는 글로벌 기업이었다. 필자도 해외에 나가면 노키아의 대형광고판을 삼성이나 LG보다 가장 먼저 보았던 기억이 있다. 그러나 노키아는 2010년부터 매출이 적자로 급선회하면서 몇 년 후에 마이크로소프트사에 인수합병 되었다. 노키아의 몰락은 현실에 안주한 터닝 포인트 전략의 실패라고 말할 수 있다.

핸드폰의 변화는 아날로그폰(터닝 포인트1)에서 디지털폰(터닝 포인트 2)으로 스마트폰(터닝 포인트3)으로 신속하게 진화되었다. 이와 같이 스피디한 패러다임의 변화 속에서 디지털폰의 절대강자 노키아는 성공의 신화가 너무 커서 과감하고 신속하게 스마트폰으로 전환하는데 주저하고 망설였던 것이다. 한때 삼성도 노키아처럼 애니콜의 성공신화에 빠져서 스마트폰으로 신속하게 터닝 포인트 할 기회를 놓쳤었다. 다행스럽게도 무언가 잘못되었다는 문제를 감지한 순간 과감하게 변신하여 오늘날 스마트폰 시장에서 1위로 우뚝 섰다. 이것은 기존의 틀을 과감하게 파괴하고 변신하는 터닝 포인트 전략에서 삼성이 노키아보다 나았다는 것을 증명한다.

현재에서 과거를 보면 현재가 나을 수 있다. 그러나 현재는 그 순간 과거가 되는 것이다. 시간이 지날수록 더 깊은 과거가 되면서 도태될 수 있다. 가급적 빠른 시간 내에 기대하고 소망하는 바를 찾아내어 현재에서 탈출해야 한다. 그러려면 문제의식을 느끼고 현재를 바라보아야 한다. 절박한 마음으로 바라보면 문제가 제대로 보이고 도전적인 자세로 문제해결에 몰입할 수 있다. 그러나 문제의식이 없는 사람은 현실에 안주하게 될 확률이 높다. 중요한 것은 현실이 과거가 되어 버리면 추억으로 남는다는 것이다. 뒤늦게 후회한들 버스 지나고 손드는 형편과 같다. 더 늦기 전에 문제의식을 느끼고 현실을 객관적으로 바라보고 미래로 나아가야 한다.

- 지금 우리는 어디쯤 와 있는가?
- 이것이 최상인가, 항상 이것을 최상이라 말할 수 있는가?
- 이것을 탈출하기 위해 나는 무엇을 해야 하는가?

셋째, 큰 차이(Gap)를 통해 절박하게 문제를 받아들인다. 절박성은 문제해결자의 문제에 대한 수용도를 의미하는 것이다. 소망성과와 현재 상태와의 차이를 통해 문제를 인지하였어도 사람에 따라 행동하는 것이 다른 경우가 종종 있다. 문제를 머리로 느낀 사람과 가슴으로 느낀 사람과의 차이이다. 머리로만 느낀 사람은 분명 자신의 문제가 무엇인지 알고는 있다. 그러나 문제를 해결해야 한다는 절실함이 없으므로 행동으로 연결되어 나타나지 않는 것이다. 문제를 얼마나 절박하게 느끼는가에 따라서 문제의식이 발생하고 그 절실함이 문제를 해결하고자 하는 행동으로 표출된다.

- 세상에서 가장 먼 거리는? ··➤ 머리에서 가슴까지
- 그보다도 더 먼 거리는? ··➤ 가슴에서 발까지

절실함을 통한 문제해결은 사고, 감정, 행동의 3단계로 표출된다. 가장 먼저 머리로 인지하는 사고의 과정이다. 문제를 인식할 때에는 목표 대비 현재 수준을 있는 그대로 인지하는 자세가 중요하다. 문제를 객관적으로 인지하면 문제를 왜곡하여 바라보는 오류를 벗어날 수 있다.

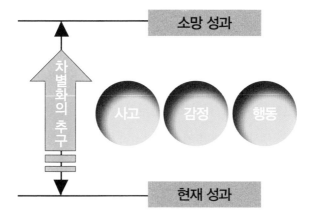

〈문제해결을 위한 절박성의 3차원〉

다음으로 가슴으로 수용하는 과정이다. 어떤 사람은 문제를 절박하게 수용하고, 누구는 '어쩔 수 없었잖아!'라면서 남의 일처럼 받아들이는 경우도 있다. 문제를 머리로 인지하고 가슴으로 절박하게 느낀 사람은 문제해결에 대한 몰입이 일어난다. 자나 깨나 문제해결을 위해 고민하고 행동하는 어느 순간 '유레카!(알았다는 뜻의 그리스어)'를 외치게 된다. 문제를 인지하는 절박함이 적으면 문제해결에 대한 확고한 의지가 행동으로 표출되지 않을 수 있다.

직장 생활을 할 때 '위기야, 위기다. 비상경영이다!'라고 경영진이 외칠 때, 필자를 포함한 사원들은 '늑대야, 늑대야!'라고 외치면서 비웃은

적이 있다. 항상 반복해서 규칙적으로 듣다 보니 상사에게 "정말 늑대(위기)가 나타나면 어떻게 하시려고 그러십니까?"라고 비아냥거렸다. 그러나 독립해서 경영자로서 일일 단위, 주간 단위, 월간 단위, 연간 단위 매출을 관리하다 보니 필자에게 매일매일 늑대가 나타나고 있음을 알았다. 중요한 것은 가짜 늑대가 아니고, 진짜 늑대라는 점이다.

막상 필자의 문제로 다가오니 경영진의 절박한 심정이 이해되고 그 당시 필자의 무사안일했던 행동을 반성하게 된다. 늦은 감은 있지만 그 당시 상사와 똑같은 절박감으로 업무에 매진하여 남보다 앞서 특진하고 조직 내에서 중요 직위에 올라간 동료에게 찬사를 보낸다.

이와 같은 절박성은 문제에 대한 책임감에서 비롯된다. 책임감은 현재 상태와 소망성과와의 차이가 크면 클수록 증폭되고, 그 차이를 단지 머리로만 인지하지 않고 자신의 문제로 절박하게 수용하면 더욱 커지게 된다. 절박성이 없는 문제는 한번 말해보는 공허한 메아리일 뿐이다.

[문제 상황 6] '그리스인이여 한국의 금 모으기를 배워라' 이는 윌리엄 페섹 블룸버그통신 칼럼니스트가 유럽 금융위기의 진원지이고 국제통화기금(IMF)의 구제금융을 받는 그리스에 대해 조언한 말이다. 그는 그리스가 이번 위기를 헤쳐 나가기 위해서는 한국의 위기극복 능력이 롤모델이 될 수 있음을 강조하였다[9].

이처럼 많은 나라에서 우리나라의 IMF 위기극복을 위한 '금 모으기'는 대표적인 성공사례 중의 하나로 자리매김하고 있다. 그 당시 우리는 전 국민이 모은 금으로 외채를 다 갚은 것은 아니었다. 그만큼 위기를 극복하고자 하는 절박성을 금 모으기로 대변한 것이다. 그 이후에 금 모으기 사례는 여러 나라에서 벤치마킹했지만, '정책입안자들이 잘못한 것을 왜 우리가 책임져야 하는가?'라는 국민의 불신 속에서 우리나라처럼 효과를 발휘하지는 못했다. 이만큼 절박성은 문제를 인지하고 해결하는 데 있어 절대적으로 필요한 요소 중 하나이다.

마지막으로 절박하게 문제를 인지하였으면 발로서 행동하는 과정이 필요하다. 실행은 문제해결 성공을 도출하는 중요한 척도이다. 얼마만큼 세부적이고 구체적으로 계획을 수립하고 실천에 옮겼는지에 따라 결과로 나타나는 것이다. 그러나 많은 경우 계획은 있지만 실행이 없는 경우가 태반이다.

몇 해 전부터 강사로서 강의에 전념하는 것도 중요하지만 내용을 글로 남기고 전파하는 것이 중요하다고 생각되어 책을 내기로 마음먹었다. 그러나 책을 써야지, 써야지 하면서 지내 온 세월이 5년이 넘게 흘렀다. 때로는 강의 때문에 짬 내기가 어려워서 미뤘고, 생활에 바빠서 잊고 살았노라고 핑계를 대 보지만, 가장 중요한 것은 실행에 대한 의지가 부족한 것임을 알았다.

이와 같은 실행의 의지를 강화하는 것은 역시 긍정적인 마음이다. 먼저 실행 이후에 얻을 수 있는 결과(아웃풋) 이미지를 가슴 뿌듯하게 그려보면서 '나는 할 수 있다!'는 자신감을 불어 넣어 주는 것이다. 실행의 과정이 고통스러워도 참을 수 있는 것은 성공의 달콤한 과실이 있기 때문이다. 다소 실패가 있더라도 극복하고 넘어갈 수 있는 집념도 자신에 대한 믿음과 성공에 대한 자신감 때문이다. 이렇게 긍정적으로 생각하고 실행하다 보면 많은 기회 요인을 볼 수 있다.

그러므로 지금 이 순간 나의 문제를 바라보고 싶다면 먼저 나의 소망성과를 절박하게 바라보고 현재의 상태를 다시 살펴보면 된다. 명확한 소망성과가 설정되어 있다면 그 차이만큼 현실에 안주하고 있는 자신의 문제가 보이게 된다.

문제가 보인다는 것은 문제해결의 시발점이 보이는 것과 같다. '시작이 반'이듯이 제대로 문제를 본 사람은 문제해결도 제대로 하는 법이다. 그러기에 이제부터는 문제해결을 당연한 것, 누구나 가지고 있는 것으로 긍정적으로 바라보면서 불평, 불만보다는 수용의 자세로 받아들이고 문제해결을 즐겨 보자. 즐기면 마음의 여유가 생긴다. 여유가 있는 사람은 문제의 본질을 보게 되고, 본질을 보니 근본대책을 세울 수 있게 된다.

절박성은 문제에 대한 책임감에서 비롯된다.

책임감은 현재 상태와 소망성과의 차이가 크면 클수록 증폭되고,

그 차이를 단지 머리로만 인지하지 않고 자신의 문제로 절박하게 수용하면

더욱 커지게 된다. 절박성이 없는 문제는

한번 말해보는 공허한 메아리일 뿐이다.

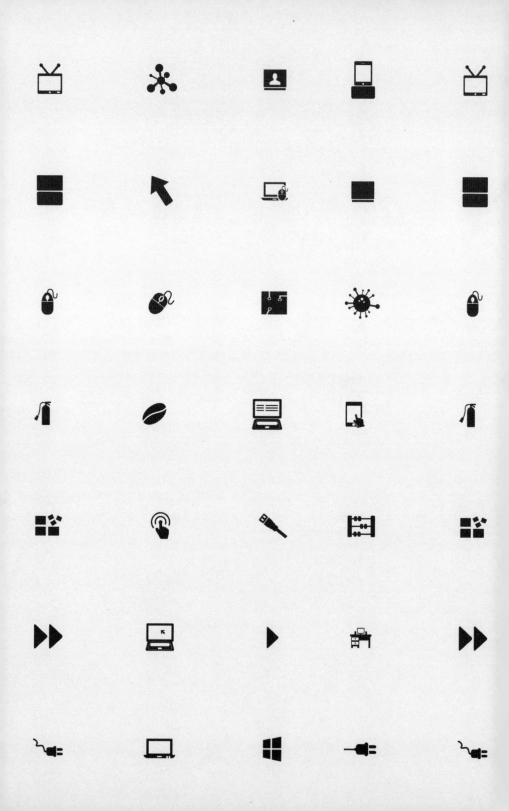

Part 2

문제해결은 고정관념을
깨는 순간 가능하다

위기를 기회로 바꿔주는
생각의 도구

미세먼지 파동 여파로 일어난 국내산 자반 고등어 업계 줄도산 위기

환경 당국의 '고등어를 구울 때 미세먼지가 발생한다'는 발표 이후 고등어 소비둔화 현상과 함께 자반고등어 생산업체가 무더기 도산 위기에 내몰렸다. 안동 간고등어 업계는 미세먼지 파동으로 매출이 폭락하면서 생산업체 대부분이 조업을 중단, 임시휴업에 들어간다고 밝혔다. 업계는 미세먼지 파동 이후 시중 백화점과 마트 등에서 매출이 평소 대비 50% 이상 감소하면서 주문량이 대폭 줄었다고 주장했다. 홈쇼핑과 쇼핑몰 등을 통한 온라인 유통망의 경우 판매가 사실상 중단되면서 이에 의존하던 업체들이 심각한 운영난을 겪는 것으로 알려지고 있다[10].

불과 작년만 해도 미세먼지의 주 범인은 중국산이었는데, 요즘 들어서는 미세먼지의 원인이 다양해지면서, 어느 순간에는 우리 식탁에 올라오는 음식의 주재료 중 하나인 고등어가 주원인으로 지목되고 있다.

이렇듯 하나의 단면을 보고 문제라고 지목하면 그 방향으로 문제해결의 방법도 몰고 나가게 된다. 하나의 형상도 어떤 색깔을 입히는가에 따라서 받아들이는 느낌이 달라질 수 있다. 다행히 지목한 것이 문제의 핵심이라면 '정곡을 찔렀다'라는 찬사를 받게 되지만, 문제의 본질과 연관성이 없는 편협한 생각이었다면 이것을 '마녀사냥'이라고 부르게 된다.

Chapter 1

다양하고 창의적인
문제해결 프로세스

똑바로 본다고 해서 모든 것이 변하는 것은 아니다.

그러나 똑바로 보지 않는다면 아무것도 바꿀 수가 없다.

― 제임스 볼드윈(James Baldwin) ―

　문제를 인지하면 문제해결을 위한 행동을 취하게 된다. 행동에는 패턴이 있다. 즉 모든 것에는 인풋(Input, 문제)이 있으면 아웃풋(Output, 성과)이 있고 그 가운데 성과를 창출하는 프로세스가 있다. 그 프로세스는 생각하고 일하는 순서를 말한다. 문제를 프로세스적인 관점에서 살펴볼 때, 때로는 우리의 지식과 경험과 노하우 속에서 문제를 즉시 해결할 수도 있고 본질적인 측면에서 심사숙고하여 해결할 때도 있다.

　가장 중요한 것은 문제가 자신도 모르는 사이에 다가오도록 문제를 키우는 것이 아니라, 문제가 다가오기 전에 문제를 관리하여 제어가 가능한 수준에서 창의적으로 해결하는 것이다. 그러기 위해서는 즉흥적인 직감으로 생각하여 행동하기보다는 논리적인 사고의 프로세스를 통하여 문제의 본질을 바라보고 대응책을 마련해야 한다.

이런 측면에서 살펴볼 때, 〈문제해결 가이드 사례 2〉에서 제시한 고등어 미세먼지 파동은 직감에 의존하여 문제를 해결한 대표적인 예이다. 2016년 6월, 미국 항공우주국과 국립환경과학원이 합동으로 시행한 국내 미세먼지 조사결과는 2017년 6월에야 나올 예정이다. 그런데 성급하게 '미세먼지 ≒ 고등어'로 인과관계의 연관성을 높여버리면 임기응변식의 문제해결책이라는 비판에서 벗어날 수 없다.

이처럼 문제해결 과정에서 발생하는 많은 오류는 결론을 염두에 두고 자신의 지식과 경험에 의존해서 문제를 해결하려 하기 때문이다. 다시 말해서 문제를 본인의 관점에서 해석하고 자신의 해결범위 안에서 정리해버리는 것이다. 문제를 자신의 지식과 경험과 노하우의 관점에서 바라본다는 것은 직감이나 고정관념에 의해서 문제해결을 한다는 의미이다.

'문제해결을 한다'는 것은 예전의 수준으로 회귀하는 것이 아니고 차별화된 해결책(Solution)을 통해 진보되어 나가는 성장을 도모하는 것이다. 그러기 위해서는 문제해결을 위한 논리적인 사고의 프로세스가 있어야 한다. 문제해결은 단계적인 과정을 거치면서 획득되는 결과보다는 과정적인 의미를 가지기 때문이다.

문제해결을 위한 논리적 사고의 과정은 학자마다 견해가 다르지만 3단계에서 6단계를 제시하고 있다. 기본적으로 앞 단계가 해결되어야

만 다음 단계로 전개가 가능해지는 상호 연계적이면서 순차적인 성격을 띄고 있으며, 문제해결 진행 단계에서의 공통점은 다음과 같다.

첫 단계는 문제를 인식하는 단계로 문제가 무엇인지 정의를 하고 문제와 관련된 정보를 수집한다. 다음 단계에서는 문제해결을 위해 그에 맞는 해결 대안을 찾아내고, 최종단계에서는 실행하는 단계로 구성되어 있다. 학자마다 약간의 견해의 차이가 있지만 이와 같은 공통성을 기반으로 문제해결을 여러 단계로 구분한다[1].

〈문제해결과 관련된 이론들〉

이론 \ 단계	1	2	3	4	5	6
듀이(Dewey)의 문제해결학습절차	문제인식	문제정의	가설제안	가설검증	일반화	
오스본-퍼런스 (Osborne-Parnes)의 OPS	혼란발견	자료발견	문제발견	아이디어 발견	해결책 발견	수용 단계
이삭센-프레핀거 (Isaksen & Treffinger) 의 CLM	① 문제이해			② 아이디어 생성	③ 수행계획	
바사둬(Basadur)의 완전 창의적 문제해결 과정	① 문제발견			② 문제 해결	③ 해결수행	
런코-더우(Runco & Dow)의 창의적 사고모델	① 문제발견			② 아이디어 생성	③ 평가	

※《우수과학영재를 위한 창의적 문제발견/문제해결 모델개발, 영재와 영재교육》, 하주현 (2007), 9(1), p. 158, 인용

이와 같은 문제해결의 단계를 근간으로 문제해결 프로그램이 개발되어 산업현장에서 운용되고 있다. 몇 개의 대표적인 문제해결 프로그램을 살펴보면, 먼저 문제해결을 7단계로 구분하고 있는 맥킨지 기법(Mckinsey Way)을 들 수 있다. 맥킨지 기법은 '문제해결에서 모든 경우의 수를 조사하는 것은 낭비되는 시간이 많을 수 있다'고 가정하고, 먼저 가설을 제시한 후에 검증, 보완해나가는 '가설 사고 기법'을 추구한다. 여기서 핵심적인 열쇠는 논리적인 접근(Logic Tree)으로 핵심문제(Key Issue)를 정확히 파악하는 것이다.

〈맥킨지(Mckinsey)식 문제해결 프로세스〉

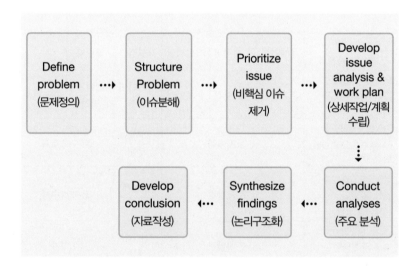

다음으로 케프너(Kepner)와 트리고(Tregoe)가 개발한 KT 기법은 문제해결의 단계를 4단계로 제시한다. 이 프로그램은 유능한 경영자, 관

리자, 감독자 등이 공통적으로 일상 업무에서 무의식적으로 사용하고 있는 문제해결과 의사결정 방법을 연구한 것으로 합리적이고 체계적인 사고의 틀을 기본으로 하고 있다. 〈포춘〉지 선정 100대 기업 중 60% 이상이 문제해결 사고 기법으로 선정하여 활용하고 있으며, 국내에서도 많은 기업들이 문제해결 프로그램으로 도입하고 있다. 특히 삼성에서는 자체적으로 경영상황에 맞추어 EMTP(Effective Management Thinking Process)로 개발하여 활용한다.

〈케프너(kepner) & 트리고(Tregoe)의 문제해결 프로세스〉

- SA(Situation Analysis) : 직면한 과제를 명확히 하기 위한 단계
- PA(Problem Analysis) : 효율적으로 진짜 원인을 규명하기 위한 단계
- DA(Decision Analysis) : 좋은 안을 효율적으로 결정하기 위한 단계
- PPA(Potential Problem Analysis) : 실행계획을 확실히 하기 위한 단계

또한, 러시아 특허국에 근무했던 알츠슐러(Altshuller) 박사가 개발한 트리즈(TRIZ)는 문제해결을 6단계로 제시하고 있다. 트리즈는 모든 문제는 한 개 이상의 모순을 가지고 있고, 기술적 모순이나 물리적 모순

에 따라 문제를 표준화할 수 있다고 제시한다. 따라서 모순에 따라 표준화된 문제는 표준화된 문제해결책(사십 가지 발명원리와 칠십육 가지 표준해결책)에 따라 해결할 수 있다고 주장하며, 창의적 문제해결 과정으로 명명하고 있다.

〈트리즈(TRIZ)식 문제해결 프로세스〉

마지막으로 모토로라에서 시작된 6시그마(6 Sigma) 문제해결 기법은 시그마(σ) 수준으로 품질 불량을 관리하던 기법으로 DMAIC의 5단계를 제시하고 있다. 통계적 품질 관리를 기반으로 해서 현장 무결점 운동, BPR, CS경영, 지식경영 등 각종 경영 혁신 운동의 정신과 기법들이 통합되어 기업 경영혁신의 중심으로 발전하고 있는 중이다.

- D : 고객의 니즈 파악을 통한 프로젝트의 정의 및 목표 설정
- M : Y의 현 수준 파악과 잠재원인 변수 X's의 발굴
- A : 수집 데이터 분석을 통한 문제의 핵심원인 X's 확인

〈6시그마(sigma)의 문제해결 프로세스〉

- 창의 : 새로운 생각과 의견을 내는 과정(Process)
- 창조 : 전에 없던 것을 새롭게 만들어 내는 것(Output)

■ I : 최적의 프로세스 개선안과 문제의 해결책 도출

■ C : 개선결과의 문서화와 지속관리 계획 수립

지금까지의 문제해결 프로그램의 단계를 살펴보면 크게 두 가지로 정리될 수 있다. 하나는 문제해결이 이성적이고 합리적인 사고의 관점에서 진행된다는 것이고(Gregory, 1962[12] ; Kepner & Tregoe, 1967[13]), 다른 하나는 문제해결과정에 개입되는 창의성이나 직관 혹은 상상력의 작용에 의해 이루어진다는 관점이다(Higgins, 1994[14]). 전자의 경우는 문제를 여러 구성요소별로 세분화하고, 이를 통하여 문제점을 규명하며 특정 기준과 이들 문제점간의 관계를 분석하여 문제발생 원인을 찾는 논리적인 단계로 구성된다. 후자는 문제해결에서 창의성의 역할을 강조하며 창조적 문제해결을 구성하는 영향요인들을 묘사하는 모형을 제시한다[15]. 그러나 요즘의 문제해결 트렌드는 논리성과 창의성을 다 만

족시키는 관점으로 가고 있다.

이처럼 선택과 집중에서 벗어나 양자를 다 선택하는 트렌드는 패러독스 경영(Paradox Management)[16]의 관점에서 설명할 수 있다. 패러독스 경영은 안 어울리는 것들의 절묘한 조화를 추구한다. 차별화를 추구하면서 비용에서 우위를 가져야 된다고 말하고, 거대조직을 표방하면서 스피디한 조직운영을 강조한다. 피말리는 경쟁 속에서 상호간 상생(Win-Win)의 협력을 해야 된다고 말한다. 즉, 문제해결도 기본적으로 논리성의 바탕 위에서 창의적인 차별성을 추구하면서 창조적인 성과를 내야 한다는 것이다.

그런 측면에서 문제해결에 관한 여러 학자들의 견해와 시대적 트렌드를 바탕으로 문제해결의 구성 요인을 재정리하였다. 기본적으로 문제해결의 공통적인 프로세스는 문제정의(What) ···▶ 원인분석(Why) ···▶ 대안수립(How) ···▶ 실행관리(Action)의 4단계로 논리적인 패턴을 설정하였다. 이와 같은 4단계는 문제해결에서 가장 기본으로 구분하는 단계로 차별성이 있다고 할 수 없다.

여기서 대안수립 단계를 창의적 관점에서 대안의 발산단계(창의성)와 대안의 수렴단계(의사결정)로 세분화하면, 문제해결의 논리적인 프로세스 속에서 창의적으로 생각하고 활동하는 문제해결 모델을 구성할 수 있다. 기존의 문제해결 과정은 논리성과 창의성 중에서 어느 한쪽만을 강조하였다면, 두 가지를 동시에 추구하는 모델로 궁극적으로 창조적인 성과를 창출하는 문제해결 모델로 정리할 수 있다.

〈창조적 문제해결의 프로세스〉

- Finding the Nature of Problem : 이슈의 문제정의
- Analyzing the Cause of Problem : 문제의 원인분석
- Creating the Concept : 창의적 대안발산, 대안수렴
- Taking the Action Plan : 디테일 실행관리

여기서 문제정의(What) 단계는 문제가 무엇인지 파악하는 문제해결의 시발점이다. 이 단계는 문제해결에 대한 대안을 찾는 단계가 아니다. 문제를 기술하고 상황파악을 통하여 문제해결을 위해 해야 할 일(과제)이 무엇인지를 설정하는 단계이다. 다음으로 문제의 핵심 원인이 무엇인지 분석하는 원인분석(Why)의 단계가 있다. 문제가 제대로 정의가 되면, 이 단계에서는 세부적인 문제점 분석이 이루어지면서 문제의 핵심 원인을 도출하는 단계이다.

다음은 핵심원인에 따라 창조적인 해결 대안을 수립(How)하는 단계가 있다. 이 단계는 아이디어를 구상하는 창의적인 발산의 단계와 차별화된 대안을 선정하기 위해 의사결정을 하는 수렴의 단계로 나눌 수 있다. 발산과 수렴이 조화를 이루면서 창조적인 대안수립이 효율적으로 이루어지게 된다.

마지막은 대책이 잘 실행되도록 계획을 수립하여 실행하는 디테일 실행관리(Action)의 단계이다. 이 단계는 실행계획 수립과 실행 시에 잠재위험을 분석하여 대책을 세우는 단계로 문제해결의 과실을 얻는 단계라고 말할 수 있다. 이와 같이 총 4개의 단계로 문제해결의 프로세스를 구성하였으며, 문제해결을 함에 있어 논리적 측면과 함께 창의적 측면을 동시에 추구하는 창조적인 문제해결 모델이라고 할 수 있다.

21세기 디지털의 시대는 바로 창조의 시대라고 이야기한다. 글로벌적으로 창조경제를 말하고 있고, 국가차원에서는 정부1.0, 정부2.0, 정부3.0을 통하여 창조경제 실천을 위한 방향성을 구체화하고 있다. 당연히 기업에서는 창조경영을 기업의 총수들이 강하게 주창한다. 이와 같은 창조시대는 변화의 속도가 빠르게 이루어진다. 그래서 경영학자들은 지금의 변화 속도를 마우스 이어(Mouse Year)라고 표현한다. 즉, 변화가 마우스 움직이는 속도보다 빠르다는 것이다. 이런 시대에 논리성만을 강조한다면 문제해결을 하는데 한 세월이 걸릴 수가 있고 성과의 타이밍을 놓칠 수 있다.

그러나 창의성만을 강조한다면 문제해결이 본질을 벗어날 수 있으며, 논리적 취약성으로 자칫 임기응변식의 어설픈 문제해결이 될 수 있다. 분명 논리성과 창의성은 반대되는 개념이지만 둘 다 취해야 한다. 다시 강조하지만 환경변화가 급변하여 어느 하나를 통해 모든 것을 해결할 수 없는 시대가 왔다. 이제는 양자택일식 방법을 지양하고 상호간에 모순되는 요소의 조화를 추구하는 패러독스(Paradox) 경영만이 생존의 지름길이다.

예컨대, 혁신을 추구하면서 효율적으로 진행해야 하고, 품질을 높이면서 저렴하게 생산해야 하며, 경쟁하면서도 상생을 도모해야 한다. 또한, 윤리적이면서 고수익도 추구하고, 소규모를 추구하면서도 대형화를(분화/전문화와 동시에 네트워크를 통한 집단화)를 이루어야 한다. 즉, 지금까지 이분법식의 논리에서 어느 한 쪽을 포기하지 않고 동시에 추구하여 창조적인 경쟁력을 강화해야 한다. 이와 같은 패러독스 경영의 패러다임을 문제해결에 접목하는 현명한 방법은 문제의 본질을 찾으면서 인과관계를 밝힐 때는 심도 있게 고민하고, 대안을 창출할 때는 소프트(Soft)하면서 스마트(Smart)하게 해야 한다. 즉, 일하고 사고하는 방법에서 논리성과 창의성을 조화시키면서 프로세스의 효율화를 추구해야 한다.

따라서 본 책에서는 논리성과 창의성을 동시에 추구하는 창조적인 문제해결 모델을 '창조적 문제해결3.0(CPS3.0 : Creative Problem Solving3.0)'으로 명명하였다. IT의 발전이 아날로그(1.0) ⋯▸ 디지털(2.0) ⋯▸ 스마트(3.0)로 이어지고 있듯이, 무한경쟁·무한창조를 강조하는 스마트(Smart)한 시대에 창조적 문제해결에 초점을 맞추었다. 더불어 문제정의(What) ⋯▸ 원인분석(Why) ⋯▸ 대안수립(How) ⋯▸ 실행관리(Action)의 단계별로 논리성과 창의성의 융합을 통하여 새롭고 차별적인 창조적인 문제해결의 프로세스를 제시하였다.

Chapter 2

창조적인 문제해결은
문제정의에서 시작된다

나에게 1시간이 주어진다면

문제가 무엇인지 정의하는 데 55분의 시간을 쓰고

해결책을 찾는 데 나머지 5분을 쓸 것이다.

— 앨버트 아인슈타인Albert Einstein —

창조적 문제해결의 4단계는 모두 중요하지만 가장 중요한 단계가 무엇인지 말하라면 문제정의(What) 단계라고 제시할 수 있다. 문제정의 단계는 우리의 문제가 무엇인지를 객관적으로 바라보고 문제를 해결하기 위해서 해야 할 일이 무엇인지를 파악하는 단계이자 문제해결의 시발점이다. 그러나 우리의 '빨리 빨리 문화'는 이 부분을 소홀히 한다. 그래서 문제해결을 임기응변, 전시행정 중심으로 마무리하고 나중에 그 문제가 더 큰 문제를 발생시켜 문제 속에서 허덕이게 된다.

첫 단추를 잘못 끼우면 다음 단추도 엇박자가 나듯이, 처음부터 방향성을 잘 잡아야 문제해결의 실행성을 높일 수 있다. 따라서 시간이 걸리더라도 문제의 본질을 제대로 바라보고 문제를 해결하는 것이 바람직하다. '시작이 반이다!'라는 말처럼 문제정의 단계가 잘 이루어지면 그 문제의 50%는 해결되었다고 생각해도 무방하다.

그러나 우리주변에서는 문제를 자신의 직관에 의해서 정의하여 낭패를 본 사례가 상당히 많다. 〈문제해결 가이드 사례 2〉에서처럼 미세먼지 문제의 핵심을 고등어로 정의한다면, 내가 보고 싶은 관점으로만 문제를 바라보게 된다. 비행기 추락사고가 나면 모든 정보를 수집하여 객관적인 관점에서 상당한 시간과 공을 들여 문제의 인과관계를 파악한다. 문제의 본질을 찾아야만 앞으로 발생할 수 있는 사고를 예방할 수 있기 때문이다. 그러나 어떤 경우는 이해타산(利害打算)에 의거하여 문제를 몰고 가고 싶은 방향으로 정의하기도 한다. 이런 때에는 자신의 선입관이나 이익집단의 입김이 개입되어 원인과 대안을 가지고 문제를 정의한다. 우리들의 일상을 살펴보면 무의식중으로 자신의 관점에서 문제를 몰고 나가는 사례를 많이도 찾아볼 수 있다.

[문제 상황 7] 갓 들어온 신입사원이 요즘 지각을 자주한다. 보통 신입사원들은 군기가 들어서 상사나 선배들이 나오기 전에 출근해서 자기 자리 정리를 하고 대기하고 있는데, 영~싹수가 없는 것 같다. 오늘도 20분 늦게 허둥지둥 출근했다. 선배로서 직장생활의 기본기에 대한 교육이 필요한 것 같아 한마디 하였다. '자네, 집에서 그렇게 배웠나?'

아주 간단한 주변사례지만, 분명 여기에도 문제가 발생되어 선배의 문제해결 활동이 이루어지고 있다. 그러나 너무 주관적이고 직감에 의해 문제를 파악한 사례이다. 제대로 한다면 직감을 벗어나서 문제가 무엇인지 본질을 찾는 단계부터 객관적으로 이루어져야 한다.

- 문제는? : 신입사원이 지각을 자주 한다. 오늘도 20분 늦게 출근했다.
- 원인은? : 집이 멀어서(?), 늦잠이 잦아서(?), 차 사고로(?), 교통이 막혀서(?) 등

이처럼 문제를 바라보는 관점에 따라서 원인분석이 다르게 나올 수 있고, 대안은 우리의 사고 범위를 넘어서 나올 수도 있다. 그러나 문제를 잘못된 가정교육으로 직감에 의해 정의하면 본질을 해결하는 대안(Solution)이 나올 수 없다. 신입사원은 그냥 집에 가서 집안 어른들께 가정교육을 제대로 배워오면 되는 것이다. 하지만 현실은 그렇게 할 수가 없고, 사람의 심성(心性)은 조종이나 통제할 수 있는 부분이 아니기 때문에 감정적인 대응이 일어날 수 있다. '직장생활이 애들 장난이야, 당장 사표 써!'라고 말이다. 그러나 집이 멀어서, 늦잠이 많아서, 차사고가 나서, 교통이 막혀서 등의 행동적인 부분이라면, 주변 관계인과의 교류와 교육을 통한 다양한 대안을 제시할 수 있다.

이렇듯 문제를 제대로 바라볼 수 있어야 문제해결의 성과도 좋아질 수 있다.

문제의 본질을 제대로 바라보고 창조적 성과를 도출하는 문제해결을 하기 위해서는 먼저 이슈(Issue)에 민감해야 한다. 우리 주변에 어떤 일이 일어나고 일어날 수 있는지 파악하는 '촉'이 있어야 하고, 그 이슈를 중심으로 문제를 객관적으로 정의해야 한다. 많은 경우 문제는 이슈를 통해서 다가온다.

예를 들어 갑자기 발생한 새로운 사건(이슈)을 통하여 우리에게 다가올 문제를 감지하는 때가 있다. 그러나 어떤 경우에는 빅 이슈지만 그것을 통하여 다가올 문제를 감지하지 못하기도 한다. 이런 때에 강 건너 불구경하듯 대응하다가 낭패를 보기 쉽다.

다음으로는 전 방위적인 관점에서 상황을 파악해야 한다. 문제해결을 잘하는 사람은 특히 이 부분에서 탁월한 능력을 발휘한다. 항상 겸손하게 주변의 상황에 대한 의견을 듣는다. 이순신 장군의 23전 전승의 신화가 무엇일까? 그것은 장군 스스로 지는 전쟁에는 절대로 나가지 않았고, 이기는 전쟁에만 나갔다는 것이다. 만약에 지는 전쟁이라면 주변의 상황파악을 충분히 하고 싸움의 조건을 이기는 조건으로 만들어 놓고 나갔다. 그 전투가 이기는 조건인 '울돌목'을 만들어 놓고 나간 〈명량해전〉이다. 이렇듯 탁월한 문제해결에서는 상황파악을 얼마나 철저히 하였는지가 성패를 좌우한다.

상황파악이 제대로 이루어졌으면 선택과 집중을 통하여 핵심문제를 선정하고, 문제해결을 위하여 해야 할 과제(일)을 설정해야 한다. 이 단계에서는 원인과 대안은 철저히 배제한다. 다시 강조한다면 이는 대안

(Solution)을 찾는 것이 아니라 대안을 찾기 위해 해야 할 일이 무엇인지를 세심하게 정리하는 단계이다. 그러나 지식, 경험, 노하우가 많을수록 직감이 발달하여 곧바로 '이렇게 하면 된다'라는 직감이 앞서면서 대안을 선불리 선정하게 된다. 문제가 발생하는 순간의 시점은 현재이지만 해결을 위한 대안과 실행은 미래여야 한다. 과거의 성공사례가 미래에도 성공으로 귀결된다고 장담할 수는 없다. 그러므로 항상 미래지향적으로 문제해결을 위하여 수행해야 할 과제를 설정하고, 대안에 대해서는 창의적인 가능성을 크게 열어놓는 자세가 필요하다.

이 모든 것이 순차적인 프로세스에 의해서 이루어지려면 수행하는 문제해결에 대한 목표를 높게 설정해야 한다. 목표설정은 안 좋은 것(위기)을 좋은 것(기회)으로 바꾸는 목표설정이 있고, 좋은 것(기회)을 더 좋은 것(창조)으로 바꾸는 목표설정이 있다. 항상 도전적인 목표는 문제해결자로 하여금 자긍심과 동기부여의 원동력이 된다. 그러므로 가급적 높은 목표설정을 권장한다.

이와 같은 문제정의(What) 단계는 문제해결의 시발점으로 가장 중요하며, 4단계의 논리적인 프로세스로 정리할 수 있다.

- (1) 이슈를 통해 문제를 기술한다.
- (2) 전체적이고 입체적으로 상황파악을 한다.
- (3) 핵심을 통하여 수행해야 할 과제(일)를 설정한다.
- (4) 도전적인 목표를 부여한다.

그러나 문제해결 프로젝트를 진행하다가 보면, 섣부른 판단과 조급증으로 이 부분을 소홀히 하는 경우가 너무나도 많다. 문제해결의 4단계는 문제정의(What) ⋯▶ 원인분석(Why) ⋯▶ 대안수립(How) ⋯▶ 실행관리(Action)의 논리적인 패턴으로 구성되지만, 실제의 진행에서는 문제정의 이후에 진행과제의 유형에 따라서 실행에 집중할 과제, 대안수립에 집중할 과제, 원인분석에 집중할 과제, 제로베이스(Zero-Base) 관점에서 세심히 전개할 과제로 구분할 수 있다.

이 부분에서는 뒷장에서 자세하게 설명하겠지만, 그 전에 우리가 문제해결을 위하여 해야 할 과제(일)를 명확히 정리하는 것이 우선으로 중요하다. 따라서 문제정의 4단계의 논리적인 프로세스를 자세한 설명과 함께 제시하겠다.

Chapter 3

이슈를 통해
문제를 기술한다

문제를 직면한다고 해서 다 해결되는 것은 아니다.

그러나 직면하지 않고서 해결되는 문제는 없다.

—제임스 볼드윈James Baldwin —

문제를 제대로 보기 위해서는 그때그때 발생하는 이슈(Issue)에 민감해야 한다. 이슈의 사전적인 정의를 살펴보면 '서로 다투는 중심이 되는 쟁점', '논쟁거리', '논점'으로 표현하고 있다.

이런 관점에서 이슈를 현재 발생하였거나 발생할 소지가 있는 걱정거리나 관심거리가 되는 사건(Event)으로 정의할 수 있고, 문제의 시발점으로 살펴볼 수 있다. 주변 사람들에게 '요즘 이슈가 뭐야?' 하고 물어보면 다음과 같이 말하곤 한다.

■ 아들의 성적(우리 집안의 이슈)

- 큰 집으로 이사(주부의 이슈)

- 미세먼지(대한민국의 이슈)

- 대한민국 축구의 4강 달성(국민의 이슈)

이와 같은 이슈가 우리에게 위기 요인이나 기회 요인으로 대두가 되면 문제가 되는 것이다. 예를 들어 아들의 성적이 기대 이상으로 추락하여 집안의 근심 요인이 되면 문제가 된다. 전세계약 만료가 되어 좀 더 큰집으로 이사를 해야 하는데, 돈이 부족하여 이사 가는 데에 빨간불이 켜지면 이슈가 문제로 전환된다.

문제는 상황에 따라 세 가지로 분류할 수 있는데, 문제가 존재하는 상황(Presented Problem Situation)과 문제가 잠재된 상황(Discovered Problem Situation), 문제가 창조되어야 하는 상황(Created Problem Situation)으로 구분할 수 있다(Getzels, 1987)[17]. 따라서 이런 상황에 근거하여 문제를 '현재 발생되었거나 발생될 소지가 있는 문제, 앞으로 우리에게 기회 요인으로 작용할 중요한 문제'로 정의할 수 있다.

그러나 중요한 것은 이슈가 주변에서 항상 진행형으로 발생하고 있는데, 때로는 민감성이 떨어져 제대로 감지를 못하는 경우가 있다. 그러다 보면 문제를 제대로 인지하지 못하여 문제해결을 시작하는 적기를 놓치게 되고 뒤늦게 허둥거리게 된다.

대표적인 예가 영국의 빅 이슈인 브렉시트(Brexit)이다. 사전에 유럽연합(EU) 탈퇴가 몰고 올 긍정적인 부분과 부정적인 부분에 대해서 대중매체를 통해서 수시로 접하였지만, 영국인들은 그것을 크게 문제시 하지 않았다. 국민투표로 탈퇴가 결정되고 나서야 이건 아니라고 절박한 심정으로 외쳐대고 있지만, 버스는 지난 간 뒤였다. 더욱 중요한 사실은 정작 뒤늦게 EU 잔류를 외치는 많은 젊은이들은 투표 당일 투표장에 가지도 않았던 것이다. 이처럼 이슈에 대한 민감성이 떨어지면 이슈를 문제로 느끼는 감도가 달라진다. 그러나 영국의 빅이슈인 브렉시트는 영국인들에게 위기의 문제가 될지, 기회의 문제가 될지는 아무도 모른다. 그 어느 때 보다도 절박한 위기의식을 가지고 문제를 인지하였기 때문에 창조적으로 문제해결을 할 여지가 충분히 있기 때문이다.

또한 이슈는 내부로부터 올 수도 있지만 외부로부터도 온다. 브렉시트는 영국의 빅이슈이지만 어느 날 우리에게도 빅이슈가 되었다. 당장 전 세계 경제가 요동치고 있고, 수출 중심의 한국경제는 브렉시트의 도미노의 파장으로 험난한 위기가 예고된다. 그러나 브렉시트는 우리에게도 위기가 될 수도, 기회가 될 수도 있다.

만약 브렉시트 이슈를 불구경하듯 바라보고 항상 해왔던 관례대로 무사안일하게 대응한다면 더 큰 위기를 맞이할 수 있다. 브렉시트를 통하여 우리에게 다가올 문제를 제대로 인지한다면, 위기를 기회로 바꿀 수 있는 창의적인 대안을 수립하거나 지금보다 한 단계 더 성장할 기회를 얻을 수도 있다. 따라서 이슈에 대한 민감성을 가지고 그 이슈가 우리에게 미칠 수 있는 문제가 무엇인지를 인지할 수 있는 혜안을 기르는 것이 중요하다.

그러기 위해서는 주변의 상황을 항상 개방적 자세로 받아들여야 하고, 이슈를 통해 문제를 표현할 시에 객관적이고 있는 그대로 기술하는 것이 중요하다. 문제를 기술하는 가장 객관적인 방법은 '문제를 대상과 현상(결함) 중심으로 기술하는 것'이다. 대상은 문제를 일으킨 주체가 되는 것이고, 현상은 발생한 문제가 눈으로 보이는 결함이나 상태를 말한다.

(한국의 대기환경)에서 (미세먼지가 증가하고 있다)

만약에 원인과 대안 중심의 직감으로 문제를 기술하면, '아들에게 여자 친구가 생겨 성적이 하락하였다.' '제대로 된 참고서가 부족해서 아들 성적이 떨어졌다.' '고등어구이로 미세먼지가 증가하고 있다' 등으로 기술할 수 있다. 그러면 그 방향으로 문제해결 또한 진행하려 들게 된다. '아들의 이성 교재를 금지하고, 참고서를 종류별로 많이 사다 주면 된다.' '미세먼지 차단을 위해서 우리나라에서 고등어 굽는 것을 중지시키면 된다.' 이런 식으로 문제해결을 하게 된다.

하지만 그러면 정말 아들의 성적이 오르고, 우리나라의 미세먼지가 줄어들까? 분명 국소적인 미약한 대안이라는 점이 인지될 것이다. 다른 말로 이것을 '마녀 사냥'이라고 한다. 그러므로 항상 이슈를 통해서 문제를 기술할 때에는 객관적인 자세로 보이는 그대로 기술하는 것이 바람직하다.

[문제 상황 8] A컨설팅 사는 어느 식당(순댓국밥집)에서 현재 처한 문제를 해결해 달라는 컨설팅 의뢰를 받았다. 주변 상권을 살펴보니 식당 주위에 여학교가 5개 있고 시장중심가라 이동인구도 많은 편이었다. 그러나 식당은 인테리어를 비롯하여 실내내부도 지저분하게 관리하여 손님들에게 좋은 평가를 받지 못하고 있었다. 그나마 찾는 손님도 하루 서너 명으로 매출도 저조한 편이다. 설상가상으로 음식 맛도 그리 뛰어나지도 않고 오랜 불황에 주인도 의기소침한 상황이다. 당연히 가정생활도 궁핍한 상황으로 전 식구들이 하루하루를 근근이 연명하고 있다. 무엇이 문제일까?

이 식당의 문제를 대상과 현상(결함) 중심으로 기술하면 '식당이 장사가 안된다'는 것이다. 그러나 대부분은 고객과 콘셉트가 어울리지 않은 식당(순댓국밥집), 지저분한 인테리어, 형편없는 음식 맛, 주인의 도전정신 부족 등이 문제라고 기술한다. 이와 같은 원인과 대안 중심의 문제기술은 문제의 일부분으로 근본적인 문제해결에 도움이 되지 않는다. 따라서 처음에는 현상(Fact) 중심의 기술로 문제를 광범위하게 바라보아야 한다.

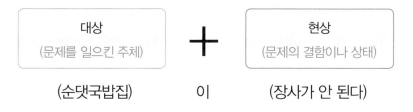

대상 (문제를 일으킨 주체)	＋	현상 (문제의 결함이나 상태)
(순댓국밥집)	이	(장사가 안 된다)

그러기 위해서는 먼저 사실(Fact) 중심으로 정보를 수집해야 한다. 정보를 3개의 등급으로 분류하면 A급 정보, B급 정보, C급 정보로 구분할수 있다. A급 정보는 현장에서 직접 눈으로 확인한 것이다. 예를 들어택시와 오토바이가 직접 충돌하는 장면을 보았다면 그 정보를 A급 정보라고 말할 수 있다. B급 정보는 상황종료 후 발견한 것이다. 사람들이웅성웅성 모여 있어 비집고 들어가 보았더니, 택시와 오토바이가 접촉사고를 냈는지 택시 옆에 오토바이와 사람이 쓰러져 있었다. 이 정보는사고가 난 이후에 발견한 정보이니 B급 정보로 분류할 수 있다. C급 정보는 청취의 정보이다. 여사원이 호들갑을 떨면서 회사 밖에서 택시와오토바이가 충돌하였고, 오토바이에 탄 사람이 많이 다쳤다고 말한다면, 그 정보는 들은 정보로 C급 정보에 해당한다.

- A급 정보 : 눈으로 직접 확인한 정보
- B급 정보 : 상황종료 후 발견한 정보
- C급 정보 : 누군가에서 들은 청취의 정보

정보를 활용하는 가장 바람직한 방법은 A급 정보를 취하는 것이나, 많은 경우 A급 정보를 접할 기회가 아주 적다는 것이다. 당연히 B급, C급 정보를 가지고 문제를 기술하게 된다. 이럴 때 눈으로 확인되지 않은 상황이니 B급과 C급 정보에 자신이 생각(원인과 대안)을 담아 문제를 기술하다 보면 더 큰 문제를 유발할 수 있다.

'오토바이가 과속으로 달려오다 택시와 정면충돌하였다.'

이처럼 문제를 정의한다면 문제를 내가 몰고 가고 싶은 방향(오토바이 과속)으로 몰고 가는 오류를 범하게 된다. 사실처럼 보이는 것, 사실이라고 생각되는 것, 사실로 몰고 나가고 싶은 것(B급 정보, C급 정보)을 A급 정보로 호도하여서는 안된다. 그러므로 문제를 될 수 있으면 편견에 벗어나서 기술하고자 한다면 대상과 현상(결함) 중심으로 사실정보를 가지고 기술하는 것이 바람직하다. 그러나 불편한 진실은 A급 정보에 접할 수 있는 기회가 너무 적다는 것이고, 그럼에도 불구하고 수집된 B급과 C급 정보를 A급 정보처럼 믿고 활용한다는 것이다. 따라서 B급, C급 정보의 신뢰도를 A급 수준은 아니지만 최대한 높이는 방법을 적극 강구해야 한다.

가장 먼저 자신의 정보의 수준을 파악하고, 발견정보(B급)이면 발견한 날짜, 시간, 장소를 기록하고, 청취의 정보면 근원이 누구인지, 출처가 어디인지 등 정보의 근원을 제시해야 한다. 가급적 정보 수집은 현장에 가서 현물과 현상을 보고 파악하는 습관을 길러야 한다. 정보에는 변화하지 않는 원리, 원칙, 데이터(Data), 프로세스(Process) 중심의 정보가 있다. 이것을 중시해야 한다. 이와 같이 문제를 사실 중심의 현상(결함)으로 바라보면 직감(원인과 대안)에 의하여 문제를 왜곡하는 일이 줄어들게 된다. 당연히 본질을 바라볼 수 있고 근본적인 대책수립이 가능해진다.

- 항상 정보의 현 위치를 파악하고 근원을 제시하자.
- 3현(현장現場, 현물現物, 현상現狀)을 중시하자.
- 데이터, 프로세스, 이론, 규칙 중심의 원리, 원칙을 중시하자.

Chapter 4

전체적 그리고 입체적인
상황파악의 중요성

새로운 질문들, 새로운 가능성을 높이기 위해서 오래된 문제들을

새로운 각도에서 바라보기 위해서는 상상력이 필요하며

이는 과학의 진보를 이룬다.

— 딜론Dillon —

문제를 있는 그대로 인지하였으면 그 문제가 지금 어떤 상황에 존재하는지를 전 방위적으로 파악해야 한다. 문제를 인지하였다는 것은 문제의 현상을 바라본 것이다. 현상을 바라보았으면 본질을 바라보아야한다. 빙산을 바다 위에서 바라보면 수면 위로 20% 정도가 나와 있고, 수면 아래로 잠겨져 있는 부분이 80% 정도라고 한다. 바다 위에서 보면 수면 위로 나와 있는 부분이 빙산을 움직이는 것처럼 보이지만, 실제로는 수면 아래 잠겨져 있는 부분이 빙산을 움직이는 것이다.

즉, 수면 위에 현상적인 문제로 문제해결의 방향성을 정했으면 이제

부터는 빙산(문제)을 움직이는 실제적인 힘인 잠재된 문제점을 살펴보아야 한다. 잠재적인 문제점을 파악하는 방법은 전체적, 입체적으로 상황파악을 하는 것이고, 이를 통해 핵심 문제를 도출하는 것이다.

〈문제의 입체적 분류〉

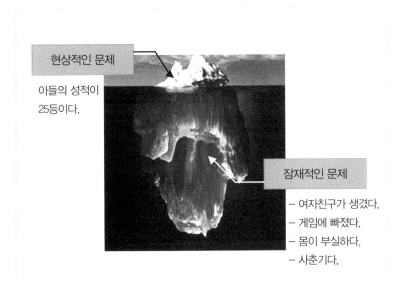

현상적인 문제
아들의 성적이
25등이다.

잠재적인 문제
– 여자친구가 생겼다.
– 게임에 빠졌다.
– 몸이 부실하다.
– 사춘기다.

문제를 해결하기 위한 대안은 하나만 존재하는 것이 아니다. 대개는 여러 개의 대안이 종합적으로 조화를 이루어 문제가 해결되는 경우가 많다. 예를 들어 아들의 문제(성적이 25등)에 대해 상황파악을 하면, '아들에게 여자 친구가 생겼다, 학교에서 수업에 집중하지 않고 산만하다, 집에서는 저녁 늦게까지 게임만 한다, 몸이 부실하다, 사춘기다.' 등 여러 가지 상황에 처해 있는 것을 알 수 있다. 자칫 문제의 상황을 전 방위적으로 파악하지 않고, 아들의 여자 친구에 국한하면 문제해결의 대안은 '이성교재 금지'가 된다. 문제해결에서 대안은 단순히 그 하나만이 아니다. 이성교재 부분, 학교생활 부분, 집에서 시간활용 부분 등 다양한 관점에서 문제해결의 대안이 나올 수 있다. 그러므로 탁월한 문제해결을 위해서는 상황파악을 얼마만큼 전 방위적으로 하였는지가 중요하다.

한국축구를 세계 4강의 반열에 올려놓은 히딩크 감독은 축구감독에 부임 하자마자 여러 곳을 돌아다녔다. 곧바로 대표 팀 구성과 필승전략을 짜기 보다는 몇 개월 동안 한국축구의 문제가 무엇인지 파악하기 위해 노력했던 것이다. 그의 이러한 행동은 당시 우리들의 '빨리빨리' 습성에 맞지 않는지라 무수히 많은 비난을 받아야 했다. 히딩크 감독은 한국대표팀 감독이면 한국에 있어야 하는데, 네덜란드에서 대부분을 보내고 가끔 한국에 와서 여행하듯이 돌아다녔기에 한국 대표 팀 감독이 맞느냐라는 소리까지 들었다. 그러나 히딩크 감독은 철저한 상황파악을 통해 박지성 등 숨은 진주 같은 선수들을 찾아냈고, 결국 그만의 독특한 리더십으로 승리의 전략을 통해 한국축구를 4강의 반열에 올려놓았다.

이처럼 탁월한 문제해결자들은 문제를 인지하자마자 곧바로 해결대안을 내놓지 않는다. 그 문제가 발생된 상황이 무엇인지 상황파악을 전 방위적으로 철저하게 한다. 문제해결에서 초기의 상황파악은 문제해결 과정의 50%를 좌우한다. 상황파악을 논리적으로 잘만하면 문제와 문제점으로 인과관계 분석이 잘 이루어지면서 자연스럽게 문제와 원인분석도 이루어지기 때문이다. 그래서 문제해결의 과정을 소개하는 이론과 기법에서 원인분석의 단계가 없이 〈문제정의(What) ⋯ 대안수립(How) ⋯ 실행관리(Action)〉의 3단계로 제시하는 경우도 많다. 이는 상황파악이 충분하면 원인분석도 자연스럽게 이루어지기 때문이다.

전 방위적으로 상황파악을 하는 방법은 문제가 정의되고 나면 문제의 상황을 전체적으로 입체적으로 바라보는 것이다.

- 문제의 상황을 전체적으로 바라본다.
- 문제의 상황을 입체적으로 바라본다.

전체를 바라본다는 것은 숲(전체)을 보고 나무(세부)를 보면서 '터널시야 증후군'을 버린다는 것이다. 터널의 한쪽에서 반대편 끝을 보면 그것이 전체로 보이지만 분명 그것은 전체의 일부분이다. 부분을 보고 전체를 판단하면 비극적인 실패를 맛볼 수도 있다. 전체적으로 보기 위해서는 누락과 중복이 없는 관점의 설정이 중요하다. 맥킨지컨설팅에서는 이것을 전체적 사고의 법칙 즉, 미시(MECE)의 법칙[17]으로 말한다.

- MECE(Mutually Exclusive and Collectively Exhaustive)의 법칙

어떤 사항과 개념을 중복 없고 누락 없는 부분 집합으로 전체를 파악하는 것이 법칙은 평범한 사람과 탁월한 사람을 구분하는 잣대가 되기도 한다. 예를 들어, 회사에 고객들이 몰려와 항의하면 어떤 사람은 중구난방으로 대처하고 상사에게 이렇게 보고한다.

'상무님 고객들이 환불해 달라고 몰려왔습니다. 일단은 안 된다고 말하니 사장님을 뵙겠다고 합니다. 최대한 저희가 막고 있습니다.'

이처럼 두서없이 보고하면 괜히 상사의 심기만 불편하게 할 뿐이다. 그러나 상사에게 신뢰를 주는 사람은 듣는 사람이 전체적으로 그림을 그리고 보고를 받을 수 있도록 말한다.

'상무님 회사에 고객들이 몰려오고 있습니다. 원인은 A의 관점에서 이런 점 저런 점, B의 관점에서 이런 점 저런 점, C의 관점에서 이런 점 저런 점 때문으로 생각됩니다. 그 중에서 B의 관점에서 이런 점이 핵심 원인이라 생각되어 대책을 수립 중에 있습니다. 대책안은 1시간 이후에 다시 보고 드리겠습니다.'

이렇게 한다면 듣는 사람도 전체를 바라보며 들으니 의사결정을 편하게 할 수 있다. 이와 같은 전체적 사고를 위해서는 전체를 바라보는 관점의 포인트를 찾는 것이 중요하다. 그러나 의외로 많은 문제해결자가 전체적 사고를 하는 데 많은 어려움을 겪고 있다. 우리는 항상 우리의 시야로만 문제를 바라보고 그 범위를 벗어나면 일단은 방어막을 치기 때문이다. 필자가 문제해결 컨설팅을 하면서 겪는 곤란한 사례 중의 하나가 바로 이 부분이다. 전체적 상황파악을 위해 이런 부분 검토도 필요하다고 피드백을 하면, '교수님께서 우리 상황을 잘 모르셔서 그러시는 데요. 그 부분은 우리에게 적용되지 않습니다. 그것이 관례입니다'라고 부정부터 하고 보는 경우가 간혹 있다. 물론 맞는 말일 수도 있지만 한번은 검토할 수도 있는데, 처음부터 안 된다고 방어막을 치는 것이다. 이는 문제를 자신의 의도로 몰고나가겠다는 전형적인 자세라고 말할 수 있다.

MECE의 법칙에 근거한 전체적 사고는 로직 트리(Logic Tree)로 일목요연하게 보여줄 수 있다. 로직 트리는 어떠한 주제에 대한 내용을 나무 형태로 쪼개고 그룹으로 묶는 것으로 문제를 구조화하는데 가장 좋

〈MECE의 법칙에 근거한 로직 트리〉

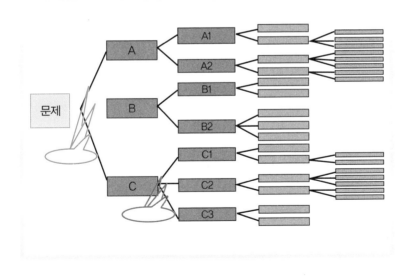

은 방법 중 하나다. 또한 로직 트리 분해의 근간이 MECE의 법칙에 따르고 있어 전체적 관점에서 상황파악 할 때 가장 많이 쓰는 기법이다. 그러나 MECE의 법칙에 근거한 전체적 사고는 쉬운 것만은 아니다. 가장 중요한 것은 전체적으로 바라보는 관점을 찾는 것이다. 하지만 항상 이 부분을 명확하게 구분하는 것이 어려운 일이기도 하다.

쉽게 구분하는 방법은 먼저 전체를 분류하는 키워드를 설정하는 것이다. 예를 들어, 결혼을 3개월 앞둔 예비신랑의 입장에서 성공적인 결혼을 위해 필요한 준비목록을 만든다면, 시간, 사람, 예약, 장소 등 여러 가지 분류의 키워드가 나올 수 있다. 이것 중에서 결혼을 3개월 앞두고 준비하는 사항이니만큼 '예약'이라는 키워드로 분류의 관점을 찾는다면, 사람에 대한 예약, 물건에 대한 예약, 장소에 대한 예약, 기타 등으로 누락과 중복이 없는 관점을 설정할 수 있다. 그런 다음 관점의 항목에 맞추어 정보를 파악하고 최종적으로 누락과 중복이 없는 지를 확인한다. 이처럼 전체를 대변할 수 있는 누락과 중복이 없는 관점을 통해 정보를 분류한다면 무작정 하는 것보다 훨씬 체계적이다.

- 전체집합을 확인 : 결혼식에 필요한 모든 것
- MECE의 분류 키워드 설정 : 예약(사람, 물건, 장소, 기타)
- 분류된 항목에서 정보조사
- 누락과 중복이 없는지 확인

〈사례연구 : MECE의 법칙에 근거한 정보의 분류〉

그러면 전체적으로 바라볼 수 있는 관점은 몇 개가 좋을까? 연구자들의 현장 경험에 의하면 2개 이하는 너무 광범위하고 5개 이상은 너무 세분될 수 있으니 3개에서 4개가 가장 바람직하다고 제시하였다. 그러나 분류의 관점이 3개일 경우에는 나머지 하나를 '기타'로 분류하여 4개로 하면 누락과 중복이 없는 완성도가 높은 분류기준이 될 수 있다.

- 가장 바람직한 분류 방법 : 네 가지 관점으로 분류(예, A_ B_ C_ D_)
- 만약 분류가 세 가지 관점이면 나머지 하나는 기타로(예, A_ B_ C_ 기타) 진행

그리고 비즈니스적인 측면에서 그간의 경험과 노하우에 비추어 사전에 구분해 놓은 누락과 중복이 없는 관점의 포인트가 있다. 이 부분도 일반적으로 이루어지는 분류키워드를 통해 관점을 설정하였고, 100% 누락과 중복이 없다고 단언할 수는 없지만 잘만 활용하면 전체적인 시야를 넓히는데 많은 도움이 될 수 있다. 익숙한 것과의 결별은 아니더라도 내 주위에서 어떤 일이 발생되고 있는 지 관심을 두는 자세는 전체적인 시야를 넓히는 데 많은 도움을 줄 수 있다.

그러나 활용에서 주의할 점이 있다. 상황에 맞추어 활용해야 하는데, 많은 기획서를 보면 상황파악에서 천편일률적으로 SWOT분석을 활용하는 경향이 두드러지는 것을 발견하게 된다. SWOT분석은 전체적 관점에서 정보를 외부정보(기회 요인, 위협 요인)와 내부정보(장점 요인, 단

〈전체적 사고를 위한 정보분류의 도구〉

시제	과거, 현재, 미래
기간	단기, 중기, 장기
전략	3C(회사 : Company, 고객 : Customer, 경쟁 : Competition) 7S(전략 : Strategy, 시스템 : System, 구조 : Structure, 스타일 : Style, 능력 : Skill, 직원 : Staff, 공유가치 : Shared Values)
마케팅	4P(제품 : Product, 프로모션 : Promotion, 가격 : Price, 장소 : Place)
환경분석	SWOT분석

점 요인)로 구분하여 상황파악의 시야를 넓힌 것인데, 그 유용성은 환경 분석에서 배가 된다는 점이다. 전략적인 측면이나 마케팅적인 측면에서 상황파악을 할 시에는 그에 맞는 분류 키워드를 활용하는 것이 바람직하다.

전체적인 상황파악과 동시에 입체적으로 바라보는 것은 단점과 강점 요인을 다 같이 검토하자는 것이다. 문제를 말해보라고 하면 안 좋은 것, 불편한 것, 없었으면 하는 것 중심으로 부정적인 측면으로만 기술하는 경향이 있다. 그러나 우리는 직업적인(Work) 측면에서, 개인적인(Life) 측면에서 문제를 해결하기 위하여 살아가는 것이라고 가정한다면 하루하루의 생활 속에서 기쁜 일(Good News)도 있고 슬픈 일(Bad News)도 있듯이, 문제에도 위기(안 좋은 것)의 문제와 기회(좋은 것)의 문제가 상존한다고 말할 수 있다.

[문제 상황 9] 2009년 LA 세계여자 피겨스케이팅 대회에서 김연아 선수는 챔피언이 되었다. 이 대회를 기점으로 꿈의 200점 대를 돌파하면서 피겨의 여왕으로 군림하였고, 아사다 마오 선수는 4위로 추락하면서 김연아 선수에게 챔피언의 자리를 계속 내주게 된다. 두 사람의 문제는 무엇일까?

이 질문에 많은 사람들은 김연아 선수는 자신이 잘하는 것에 집중하여 챔피언이 되었으니 문제가 없고, 아사다 마오 선수는 자신이 못하는 것을 잘해보려고 노력하다가 실패해서 4등으로 추락하였으니 문제가 있다고 대답한다. 여기서 잘하는 것과 못하는 것의 구분점은 여자 피겨 선수에게는 너무나 어려운 트리플 악셀이었다. 두 사람의 문제해결의 방식을 말한다면 김연아 선수는 자신이 잘한 것을 가지고 문제를 해결했던 것이고, 아사마 마오 선수는 자신이 못하는 것을 가지고 문제해결을 한 것이다. 이를 통하여 한 사람은 잘하는 것을 더 잘해서 가점 점수를 받은 것이고, 한 사람은 못하는 것을 실패해서 감점 점수를 받은 것이다. 두 사람 모두 최고가 되기 위한 접근방법이었지만 생각과 행동의 차이로 김연아 선수는 피겨의 여왕으로 불렸고, 아사다 마오 선수는 김연아 선수에게 가려 2인자로 밀려나게 된다.

앞서 문제는 위기의 문제(발생형 문제)와 기회의 문제(설정형 문제)로 크게 구분할 수 있다고 제시하였다. 문제의 영역으로 말하면 아사다 마오 선수는 발생형 문제의 영역에서 그곳을 탈출하려고 자신이 완벽하게 구사하지 못하는 트리플 악셀을 더욱 잘하려고 노력했다는 것이고, 김연아 선수는 설정형 문제의 영역에서 트리플 악셀을 과감히 포기하고, 자신이 잘할 수 있는 강점의 영역에 집중하면서 끊임없이 목표를 상향 조정하여 앞으로 나아갔다는 것이다. 2010년 동계올림픽이 끝나고 스포츠 기자들이 김연아 선수와 아사다 마오 선수를 평가하였는데, '아사다 마오 선수는 본인이 못하는 것(트리플 악셀)을 잘하여서 은메달을 땄고, 김연아 선수는 본인이 잘하는 것을 더욱 잘하여서 금메달을 땄다'고 했다.

이와 같이 문제해결을 잘하는 사람과 못하는 사람의 차이는 전자는 자신의 강점 중심으로 문제해결을 하고, 후자는 단점 중심의 문제해결을 한다는 것이다. 그러므로 상황파악을 할 때도 못하는 것 안 되는 것 중심의 단점(위기) 정보도 파악하지만, 잘하는 것 희망찬 것, 중심의 강점(기회) 정보도 같이 입체적으로 파악해야 한다. 문제해결은 때로는 잘하는 것 중심의 문제해결이 효율적이고 효과적인 경우가 많고, 문제해결을 잘하는 것은 위기보다는 기회를 잘 살리는 것이다.

따라서 문제를 입체적으로 바라본다는 것은 위기의 문제와 기회의 문제를 동시에 바라보자는 것이다. 대부분 문제를 바라볼 때, 부정적인 관점에서 위기의 문제만이 문제로 보이게 된다. 자신이 잘하는 것, 잘할

〈강점주심의 정보와 단점중심의 정보〉

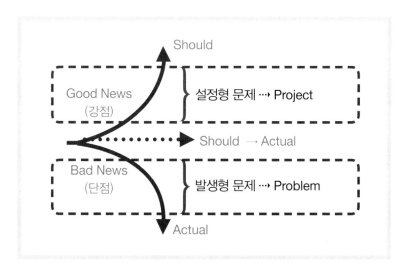

수 있는 것, 나에게 긍정적인 환경요인 등 강점 중심의 기회 부분은 아무런 문제가 없다고 생각해서 내버려 두는 경우가 많다. 많은 직장인들에게 자신의 역량강화를 위한 계획표를 써보라고 말하면 천편일률적으로 '어학'을 말한다. 물론 부족한 어학을 강화하는 것은 중요하지만 때에 따라서는 1순위는 아니다. 가장 1순위는 자신이 가장 잘하는 것을 더욱 잘하게 강화하여 다른 사람과의 차별화를 시도하는 것이라고 생각한다. 그러나 아쉽게도 90% 이상이 어학을 가장 1순위로 말한다. 어학도 중요하지만, 어학에 가려 진작 자신의 강점을 바라보지 못하고 강화하지 못하는 것이 더욱 안타까운 일이다.

이처럼 전체적으로 입체적으로 상황파악을 하면 총체적인 문제분석이 이루어지게 된다. 여기서 가장 중요한 것은 풍부한 리소스(Resource)의 확보이다. 상황파악의 목적은 핵심문제가 무엇인지 파악하는 것이 아니다. 핵심문제를 선별하기 위하여 사전에 자원을 풍부히 확보하는 것이다. 간단히 〈문제상황 5〉에서 제시한 식당(순댓국밥집)의 문제에 대한 전체적·입체적 상황파악을 다음과 같이 제시할 수 있는데, 이처럼 관점을 넓히면 문제는 달리 보인다.

이 식당의 사례처럼 상황파악을 통해서 문제점에 대한 자원을 풍부히 해 놓으며, 이를 통해 문제해결에 중요한 핵심적인 문제점을 선별하는 것이 쉬울 수 있다.

이렇듯 문제를 인지하고 문제점을 찾는 과정은 우리의 사고의 범위가 얼마나 객관적이고 수용도의 범위가 넓은가에 달려 있다. 그러니 이

〈사례연구 : 문제의 상황파악〉

제부터 나만의 근시안적인 테두리를 벗어나 전체적인 시각에서 입체적

으로 바라보는 논리적으로 생각하는 습관을 만들어 보자.

Chapter 5

핵심을 파악하여
할 일을 설정한다

테크닉을 세련되게 만들거나 어려움을 해결하고 싶다면
그저 아주 작은 기본적 요소를 이성적으로 되돌아보면 된다.

— 앨프레드 코르토Alfred Cortot —

전체적, 입체적인 상황파악을 통해 자원을 풍부히 했으면 핵심문제
를 찾고 과제화를 통해 해야할 일을 정리한다. 문제를 해결하면서 '모
든 것을 다한다'는 자세보다는 80 : 20의 파레토의 법칙에 의하여 선택
과 집중을 하는 것이 중요하다.

즉, 전체를 통해 모든 것을 다하기보다는 핵심을 통해 전체를 통제하
는 것이 바람직하다. 핵심을 선정하는 기준은 중요도(Seriousness)와 긴
급도(Urgency)를 기준으로 한 2×2 매트릭스(Matrix)로 간결하고 명료하
게 정리할 수 있다.

핵심문제 선정은 다음과 같다. 먼저 중요도와 긴급도의 관점에서 바

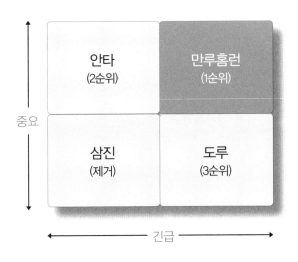

〈핵심문제 선정의 기준〉

라볼 때, 1순위는 중요하면서 긴급한 것이고, 2순위는 중요하지만 긴급하지 않은 것, 3순위는 중요하지 않지만 긴급한 것, 중요하지도 긴급하지도 않은 것은 무조건 배제될 것이다.

그러나 보는 관점에 따라서 2순위와 3순위는 논란의 여지가 생긴다. 대다수의 문제해결에 참여하는 사람은 긴급도 기준으로 3순위(중요하지 않지만 긴급한 것)를 2순위로 선정하는 경향이 있다. 여기서 중요한 것은 지금은 솔루션(Solution) 즉 해결책을 찾는 단계가 아니고, 솔루션을 위한 핵심문제를 선정하는 단계임을 명심해야 한다. 중요하지 않은 것은 문제로 발생하여도 치명도가 덜 한데, 중요한 것은 문제로 발생하면 치명도가 높다. 따라서 중요도 기준으로 2순위를 선정해야 한다. 그러나 핵심문제를 선정하여 차별적인 대안이 나오고 실행할 시에는 긴급도 기준으로 3순위(중요하지 않지만 긴급한 것)를 2순위로 하여도 무방하다. 이와 같은 평가 기준에 따라서 핵심문제를 선정한다면 1순위, 2순

〈사례연구 : 핵심문제 선정〉

위에 중심으로 선정하는 것이 바람직하다. 단, 1순위, 2순위의 핵심문제 외에 다른 핵심문제를 추가한다면 3순위까지 내려올 수 있다.

핵심문제를 선정하였으면 과제화를 해야 한다. '과제화한다'는 것은 문제해결을 위하여 해야 할 일(Work)로 정리하는 것이다. 문제를 문제로 놔두기 보다는 일로 변환시켜 실행력을 높이는 것이 좋다. 과제화를 할 때 유념하여야 할 사항은 크게 세 가지이다.

첫째, 대안을 염두에 두지 말고 당위성을 가지고 해야 한다. 대안을 염두에 둔다면 성사여부를 검토하게 되고 자칫 내 수준에서 할 수 있는 것 중심으로 과제화를 하게 된다. 즉, 문제를 해결하기 위해서는 당연히 이 정도는 꼭 해야 한다는 당위성을 가지고 기술해야 한다. 그러므로 솔루션(Solution)은 나중에 생각하자. 방향성이 정해지면 대안은 다양하게 나올 수 있다.

둘째, 위기의 문제를 기회의 문제로, 기회의 문제를 창조의 문제로 전환해야 한다. 위기의 상태에서 문제를 바라보면 불평, 불만, 포기가 우세할 수 있다. 예를 들어 '이번 달도 100만 원 적자다.'와 같이 위기의 상태에서 문제를 바라보면, 환경을 탓하게 되고 주변을 탓하게 되며 급기야는 자신의 운명을 탓하게 된다. 그러나 '그래, 다음 달에는 적자를 벗어나서 20% 흑자로 전환하자'라고 기회의 상태로 문제를 바꾸면 '그럼, 어떻게 하면 되는데?'라고 방법(How)를 찾게 된다. 바라보는 관점만 바뀌었을 뿐인데 의지의 전환이 이루어지는 것이다.

또한 위기를 극복하고 기회의 상태가 되면, 한 단계 더 높은 기회의 상태로 과제화를 해야 한다. 즉, 기회를 창조의 상태로 변환하는 것이다. 기회의 상태에 안주하다 보면 자칫 무사안일, 현실 안주에 빠질 수 있다. 성공은 한 번으로 끝나는 것이 아니다. 제1의 성공, 제2의 성공, 제3의 성공을 통하여 지속적으로 성장해야 한다. 그러나 아쉽게도 우리 주위에는 한 번의 성공에 도취하여 방심하다가 다시 추락하는 사례가 너무나도 많다. 특히 요즘처럼 변화의 속도가 빠른 시대에는 추락의 속도 또한 급격하다. 따라서 긴장감을 가지고 끊임없이 미래의 성공 요인을 발굴하여 과제화해야 한다. 이와 같이 한 단계 점프업(Jump-Up)하는 과제화는 앞에서 터닝 포인트 1, 2, 3 전략으로 중요도를 설명한 바 있다.

셋째, 컨트롤(Control)의 영역에서 과제를 검토해야 한다. 이 말은 진행되는 과제는 문제해결자의 영향력의 범위에 있어야 한다는 말이다. 자신이 제어할 수 없는 과제는 보여주기식 과제가 될 수 있다. 예를 들어, '예산을 확보하자, 인력을 늘리자, 인센티브를 강화하자, 시설을 늘리자.' 등의 과제가 있을 시, 이것은 문제해결자가 제어할 수 있는 범위에 없으면 사장되어 버리는 과제가 된다. 그런데 의외로 이런 과제가 많다. 이 말은 의사결정권자에게 책임을 전가하는 얄팍한 행위일 수 있다.

항상 빅이슈가 생기면 곧바로 문제분석이 이루어지는데 사람이 부족했고, 예산이 부족했고, 지원이 부족했다는 것이 주를 이룬다. 이 말은 문제해결을 위해 사람을 증원하고, 예산을 확충하고, 자원과 시설에 대한 지원을 강화해야 한다는 말이다. 그럼, 사람, 돈, 지원이 없으면 할 수 없으니, 손을 놓아야 한다는 말인가? 아마도 사람, 돈, 지원 외에 창의적인 대안을 내는 사람을 '총괄책임자'로 임명한다고 하면, 그 순간 태도가 바뀌리라고 생각한다.

'과제화한다'는 것은 해답을 얻고자 하는 것이 아니다. 문제해결을 위해 해야 할 일(Work)이 무엇인지 정리하는 것이다. 만약에 컨트롤할 수 없는 영역이면 컨트롤이 가능한 영역에서 과제화해야 한다. 예를 들어, 사람이 부족하면 '쓸데없는 일을 줄이기 위하여 업무효율화를 하자'라든지, 예산확보가 어려운 상황이면 '예산확보를 위한 다양한 원가절감 방안을 마련하자' 등으로 컨트롤이 가능한 영역에서 과제화를 하여야 한다.

- 대안을 염두에 두지 않고 당위성을 가지고 한다.
- 위기의 문제를 기회의 문제로, 기회의 문제를 창조의 문제로 전환한다.
- 제어의 영역에서 과제화한다.

[문제 상황 10] 〈맥킨지 보고서〉에 따르면 1935년 기업의 평균 수명은 90년이었으나 1975년 30년, 1995년 22년으로 점차 줄어서, 지난해에는 급기야 평균 15년으로 떨어졌다. 세계 최대 네트워크 솔루션 기업인 시스코의 존 체임버스 회장은 이를 예상해 지난해 6월 시스코의 라이브 콘퍼런스에서 '현재 세계 시장에서 활약하는 기업 가운데 약 40%는 10년 내 사라질 것'이라고 경고했다[9]. 이처럼 시장의 변화는 빠르게 변하면서, '아차' 하는 순간에 시장에서 소리소문없이 사라질 수 있다. 따라서 항상 기회를 선점하고 미래를 선도관리 하는 것이 생존의 키워드라 할 수 있다.

맥킨지컨설팅 조사 자료는 기업의 평균수명은 가면 갈수록 짧아지고 있고, 지금 건실한 기업도 내일 어떻게 될지 모르는 불확실성의 시대가 왔음을 알려준다. 따라서 이제는 개인이든 조직이든 국가든 지속성장이 중요한 화두로 떠올랐다. 지속성장하는 비결은 위기일 때 기회를 설정하여 제1의 성공을 이루고, 기회일 때 미래 성장 동력을 미리 발굴하여 제2의 성공을 이루면서 끊임없이 성장의 순환 고리(터닝 포인트)를 창출하는 것이다. 그러므로 개인이든 기업이든 국가든 현실에 안주하지 않고 한 단계 더 높은 과제화를 통해 끊임없이 새로운 도전을 해야 한다. 이처럼 성공신화의 비밀은 미래의 관점에서 성장 동력을 사전에 발굴하여 선도관리 하는 것이다.

"회장님께서는 마이크로소프트사를 어떻게 경영하시나요?"

〈지속성장을 위한 터닝 포인트 전략〉

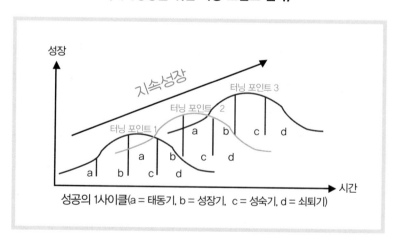

빌 게이츠 회장이 마이크로소프트사에 재직 시에 기자들이 이런 질문을 하였다. 질문에 대한 답변은 다음과 같았다. "마이크로소프트사는 2년 후에 도산한다는 생각으로 운영합니다." 다소 엉뚱한 답변이지만, 항상 마이크로소프트사는 2년 이내에 도산한다는 위기의 가정을 설정하고, 지속성장을 위한 새로운 도전 과제를 창출하면서 기업을 운영하였다는 말이다.

나이가 들수록 초등학교, 중학교, 고등학교 동창들이 생각난다. 우연히 옛 친구들을 만나면 서로의 근황을 묻고는 다른 친구들은 어떻게 지내는지 추억의 스토리에 푹 빠져든다. 어떤 친구는 잘 되었고 어떤 친구는 생각보다 성공하지 못했다. 나름대로 잘된 친구 중에는 전혀 의외다 싶을 정도로 잘된 이들도 있다. 공부는 다소 못하는 편이었지만 졸업 후 어느 날 깨달음이 있어 미친 듯이 공부에 매진하여 의사가 된 친구도 있고, 대학 졸업 후 취직이 안 되어 빈둥빈둥 놀다가 남들보다 먼저 창업해서 몇백 억대의 사업가로 변신한 친구도 있다. 단순히 호기심으로 YMCA 사교댄스 강습을 받고 자신의 숨은 재능을 발견한 어느 친구는 사교댄스의 고수로 등극하여 많은 대회를 휩쓸면서 후반기 인생을 화려하게 살고 있다.

이와 같이 인생을 살다 보니 사람의 변신은 참 무한하다는 생각이 든다. 아마도 성공적인 변신의 이면에는 미래의 관점에서 자신의 강점을 선도 관리한 문제해결자의 역량이 탁월하였다고 생각한다. 그래서 어느 순간 아들의 성적이 부진한 것에 미련을 두기보다는 아들이 원하고 잘하는 것에 관심을 두면서 후원자의 역할을 하게 되었다. 그리고 대견스럽게도 아들은 자신이 잘하는 것을 스스로 찾아가고 있다.

이와 같이 제어의 범위에서 당위성을 가지고, 위기를 기회로, 기회를 창조로 전환하는 과제화를 하기 위해서는 사고의 터닝 포인트가 중요하다. 다시 말해 한 단계, 한 단계 점프업(Jump-Up)이 필요하다. 이것을 잘한 스타는 앞에서도 한차례 언급한 피겨의 여왕 김연아 선수라고 생각한다. 초창기 그녀는 세계피겨 대회에서 아사다 마오 선수와의 경쟁관계에서는 누가 최고라고 말할 수 없는 라이벌관계였다. 이 구도를 깬 터닝 포인트가 '잘하는 것에 집중한다'였고, 이를 통해 세계 피겨대회에서 매번 챔피언이 되었다. 여세를 몰아 2010년 밴쿠버 동계올림픽에서 피겨금메달을 따냈다.

대부분의 사람들은 이쯤에서 은퇴선언을 하는데, 김연아 선수는 또 다른 터닝 포인트를 제시한다. 바로 2014년 러시아 소치 동계올림픽에서 다시 한 번 금메달에 도전한다는 것이었다. 아쉽게도 위대한 도전은 은메달로 마무리되었지만, 끊임없는 터닝 포인트를 통해 지속성장의 프로세스를 밟아나가는 자세는 타의 귀감이 된다. 그리고 인천공항에서 귀국인사를 하면서 또 다른 터닝 포인트를 제시하였다. 선수로서는 은퇴하지만 2018년 평창동계올림픽에서 IOC 체육위원에 도전하겠다고 선언했다.

문제해결 강의에서 과제화를 위한 터닝 포인트를 설명하는 것에 어려움을 느낄 때가 많았으나, 김연아 선수의 사례를 통하여 설명하면 교육생의 이해도가 높음을 확인할 수 있었다. 이는 모든 사람들이 김연아 선수의 철저한 자기관리와 지속성장하는 도전적인 모습에 찬사를 보내고 본보기로 삼고 있다는 것을 말해주는 것이다. 확실히 김연아 선수는 '도전은 시작하는 것에 의미가 있고, 성공은 미래를 끊임없이 선도 관리하는 사람, 조직, 국가의 몫이다.'는 메시지를 우리에게 제시하였다.

따라서 과제화는 터닝 포인트의 기점이 될 수 있도록 당위성을 가지고 상향식 도전목표를 가지고 제시하는 것이 바람직하다.

이와 같은 과제화의 관점에서 식당(순댓국밥집)의 상황파악에서 도출된 핵심문제의 과제화를 하였다. 주변에 여학교가 많은데 손님이 적은 문제를 해결하기 위해서 단골손님 증대방안을 먼저 검토할 예정이며, 식당의 불결한 위생관리 해결을 위해 식당의 전면적인 리모델링을 추진하고, 음식 맛의 차별화 방안을 마련하기로 하였다. 가장 중요한 식당의 리더이자 책임자인 주인의 정신무장을 강화할 방안도 모색할 예정이다. 아마도 4개의 과제가 다 해결되면, 장사가 안되는 식당(순댓국밥)은 대박집으로 거듭나서 매출이 증대될 수 있으리라 확신을 가질 수 있을 것이다.

다시 강조하지만 여기에서 과제화는 솔루션(Solution)을 제시한 것은 아니다. 문제해결을 위하여 해야 할 일을 정리한 것이다. 세부 과제 중에서 원인분석이 필요한 과제는 2단계 원인분석(Why)의 단계에서 심도 있는 분석이 이루어질 것이고, 대안창출이 필요한 과제는 3단계 대안수립(Why) 단계에서 아이디어 미팅, 벤치마킹 등을 통해 창의적인 대안을 마련할 것이다. 어떤 과제는 즉 실행이 필요할 수 있다. 그러면 곧바로 4단계 실행관리(Action)의 단계로 들어갈 것이다. 과제화 이후에 구체적인 전개방향은 다음 장에서 자세히 제시하겠다.

〈사례연구 : 문제의 과제화〉

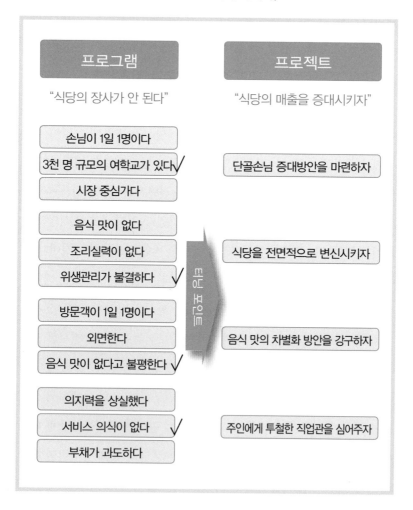

Chapter 4

도전적인 목표를
부여한다

문제를 발생시켰을 때와 똑같은 의식 수준으로는

어떤 문제도 해결할 수 없다.

아인슈타인 Albert Einstein

핵심문제를 선정하여 과제화하면 문제의 정의단계는 마무리 단계에 다가온 것이다. 그러나 과제화하고 나서 항상 느끼는 점은 과제화가 추상적이라는 점을 떨칠 수가 없다. 이와 같은 추상성을 최소화해주는 것이 목표부여이다.

목표부여는 ① 나쁜 상태를 원상태로 돌리는 목표설정, ② 차이를 극복하고 더 나은 상태를 지향하는 목표설정, ③ 좋은 상태를 탁월한 상태로 올리는 목표설정 등과 같이 3단계의 수준으로 이루어진다. 다음 페이지의 그림을 참조하면 이해도가 높아질 것이다.

〈SMART한 목표의 설정〉

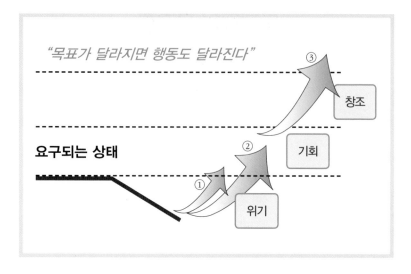

중요한 것은 목표가 부여되면 과제가 분명해지고 행동도 달라진다는 것이다. 그러므로 스마트(SMART) 하게 목표부여를 해야 하고, 그것을 가능하게 하여 주는 것이 성과관리 지표(KPI)이다.

- KPI = Key Performance Indicators
- Specific – 상세하게 구체적이고 명확해야 한다.
- Measurable – 측정 가능해야 한다.
- Attainable – 성취 가능해야 한다.
- Relevant – 문제해결 목적과 연관성이 있어야 한다.
- Time Bound – 기한 내에 이루어져야 한다.

KPI는 어떤 계획이나 목표가 성공하였는지 또는 성공하고 있는지를 확인하는 지표를 말한다. 예를 들어, 막연한 산불방지 보다는 '연간 산불 발생 건수를 제로화 하겠다'가 구체적인 과제화가 될 수 있다. 그러면 여기서 KPI는 산불 발생 건 수가 되는 것이다. 우수한 KPI를 찾아내는 것은 문제해결 활동의 성과를 높이는 핵심적인 사항이다. 그러나 KPI를 찾아내는 것은 의외로 어렵고 까다로운 작업 중 하나이기도 하다. 가장 좋은 방법은 과제해결을 통해서 얻고 싶은 성과나 기대하는 바를 KPI로 기술하면 된다.

예를 들어 식당 순맛(가맛집) 과제의 목표설정에서 '단골손님의 증대 방안을 마련하자'에 대한 KPI는 고객수, 매출액, 고객의 재방문율로 설정하면 된다. 그러나 '식당을 전면적으로 변신시키자'는 KPI를 도출하는 데에 애매할 수가 있다. 이럴 때 이 과제를 통하여 얻고자 하는 성

〈사례연구 : 과제의 목표설정〉

	과제(Project)	KPI	현수준 (As-is)	기대수준 (To-be)
대과제	식당의 매출을 증대시키자	매출액	1만 원	80만 원
소과제	단골손님 증대방안을 마련하자	고객수	1명	100명
	음식 맛의 차별화 방안을 마련하자	맛 만족도	–	4.0 이상
	식당을 전면적으로 변신시키자	기한	10일	5일
	서비스 마인드를 강화하자	재방문율	–	70%

과나 기대사항을 찾아보면 된다. 고객들에게 호평을 듣고 싶으면 '고객인지도'가 KPI가 될 수 있고, 식당 리모델링의 기한을 줄여서 빠른 시간 내에 오픈하고 싶으면 '공사기간'이 KPI가 될 수 있다. 이와 같이 KPI까지 제대로 부여되면 그 문제를 해결하기 위해서 해야 될 일(과제)이 일목요연하게 정리되는 것이다.

다음으로 과제에 대한 성과목표를 부여하였으면 과제의 진행목표를 부여해야 한다. 기본적으로 창조적 문제해결의 프로세스는 문제정의 (What) ⋯▶ 원인분석(Why) ⋯▶ 대안수립(How) ⋯▶ 실행관리(Action)의 4단계로 구성되어 있지만, 진행순서의 흐름은 과제의 유형에 따라서 다름이 있다. 문제정의 단계에서 문제가 정의되고 문제해결을 위하여 해결하여야 할 소과제가 제시되면, 각 소과제는 과제의 성격에 따라서 곧바로 실행(Action)해야 할 과제, 대안수립(How)이 필요한 과제, 원인분석 (Why)이 필요한 과제, 창조적인 변화와 혁신(What)이 필요한 과제로 유형을 분류할 수 있다.

이와 같이 과제별로 유형이 분류되면 누가 언제까지 마무리할 것인지 역할을 정하여 신속하게 해결할 것은 즉시 실행을 하고 창조적인 대안이 필요하면 벤치마킹이나 아이디어 미팅에 집중한다. 심도 있는 고민이 필요하면 시간에 여유를 두고 다방면의 분석과 검토 작업을 해야 한다.

즉, 모든 과제를 하나의 잣대에 맞추어 문제정의(What) ⋯▶ 원인분석 (Why) ⋯▶ 대안수립(How) ⋯▶ 실행관리(Action)의 프로세스로 전개하는 것은 효율성의 측면에서 낭비의 요소가 많고, 효과성의 측면에서는 자칫 문제해결을 위한 문제해결로, 보여주기 식의 요식행사로 전락할 우려가 있다. 따라서 본 책에서는 문제정의 이후의 진행을 네 가지로 정리하고 제시하고, 〈PART 3〉에서 상황에 맞는 사례를 통해 자세히 설명하겠다.

- A타입 문제해결 - 신속하게 해결하자.
- B타입 문제해결 - 창조적 대안을 마련하자.
- C타입 문제해결 - 고민할 때 심사숙고하자.
- D타입 문제해결 - 변화와 혁신을 추구하자.

특히 이 부분은 문제해결의 성공여부를 가름하는 중요한 영역이라고 할 수 있다. 많은 조직에서 문제해결 활동은 경영혁신과 맞물려 진행되는데, 너무 많은 페이퍼워크(Paper-Work)으로 힘들다는 불평불만이 쏟아져 나오는 경우가 많다. 모든 과제를 유형 구분 없이 문제정의(What) ⋯▶ 원인분석(Why) ⋯▶ 대안수립(How) ⋯▶ 실행관리(Action)의 프로세스로 진행하기 때문이다. 상사의 요구에 의해서 그렇게 진행되는 경우도 있지만, 문서 중심의 조직문화가 주요 원인이라고 생각한다. 따라서 문제해결 활동은 항상 '선택과 집중'을 통하여 스마트하게 진행하는 것이 중요하다. 결국 그 노하우를 축적하는 것이 탁월한 문제해결자로 성장하는 지름길이 된다.

〈문제의 정의 단계 종합정리 시트〉

이슈문제	➡	대과제	지표	현수준	기대수준	입장
식당매출이 1일 1만 원으로 장사가 안된다		식당의 매출을 증대시키자	매출액	1만 원	80만 원	창조 컨설팅

세부문제		평가			과제화	유형	지표	목표	
		중요	긴급	선정				현수준	기대수준
고객	손님이 1일 1명이다	大	小	×	단골손님 증대 방안을 마련하자	C형	고객 수	1명	100명
	주변 여학교가 많다	大	大	○					
	시장중심가에 위치	大	中	×					
음식	음식 맛이 없다	大	大	○	식당을 전면적으로 변신하자	B형	보수 기한	10일	5일
	조리실력이 없다	大	中	×					
	위생관리가 불결하다	大	大	○					
고객	방문객 1일 1명이다	中	大	×	음식 맛의 차별화 방안을 강구하자	B형	맛만 족도	-	4.5↑
	외면한다	大	中	×					
	음식 맛 없다고 불평	大	大	○					
주인	의지력을 상실했다	大	大	○	주인에게 투철한 직업관을 심어주자	A형	재방 문률	-	70%
	서비스 의식이 없다	大	大	○					
	과도한 부채가 있다	小	小	×					

많은 조직에서 문제해결 활동은 경영혁신과 맞물려 진행되어지는데,

너무 많은 페이퍼워크(Paper-Work)으로 힘들다는 불평불만이

쏟아져 나오는 경우가 많다. 모든 과제를 유형 구분 없이 문제정의(What)

···▶ 원인분석(Why) ···▶ 대안수립(How) ···▶ 실행관리(Action)의

프로세스로 진행하기 때문이다.

문제해결 활동은 항상 '선택과 집중'을 통하여 스마트하게 진행하는 것이 중요하다.

결국 그 노하우를 축적하는 것이 탁월한 문제해결자로 성장하는 지름길이 된다.

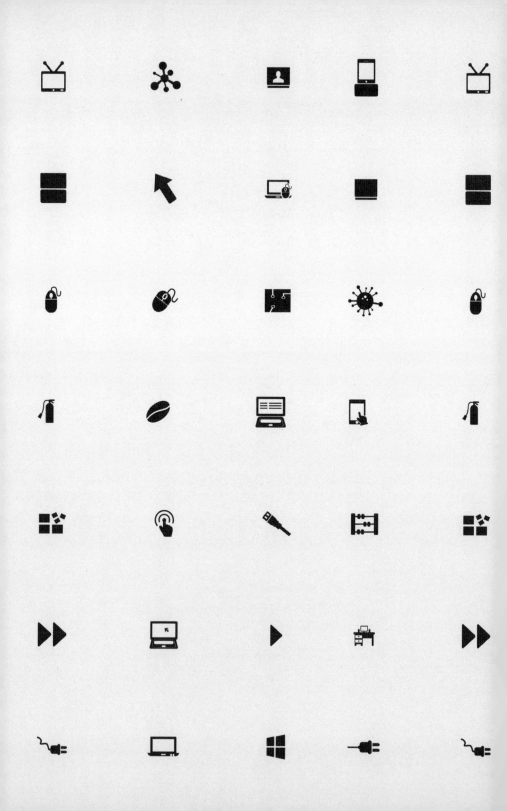

Part 3

이것이 스마트한
문제해결 법이다

진흙탕에 빠진 M16 소총은 갖다 버려라

AK소총과 M16소총은 소총 역사에서 중요한 양대 산맥을 이루고 있다. 하나는 귀족을 위한 총(M16)으로, 또 다른 하나는 서민을 위한 총(AK소총)으로 불리지만, AK소총이 인류가 만들어낸 모든 총기 중에서 최고의 히트작으로 남아 있다. AK소총이 M16소총보다 전 세계적으로 우대받는 이유는 우선 악조건에서 꿋꿋하게 버티도록 설계됐다는 점이다. 강철과 목재로 만들어진 AK는 무게 4.3킬로그램으로, 알루미늄 합금과 플라스틱을 주재료로 만든 M16(2.89킬로그램)보다 무겁지만, 거칠게 다뤄도 끄떡없다는 장점이 있다.

M16은 비좁은 몸통 내부에 정밀 기계처럼 부품들이 꽉 차있는데, AK의 상자형 몸통 내부는 좀 과장을 보태면 텅텅 비어서 고장날 데가 애초에 없기 때문이다. 즉, 비 오고 습한 날씨에 정교한 M16은 자주 고장이 나지만, AK소총은 대충 기름칠하고 닦아만 주면 총알이 나간다. 이런 장점은 베트남 전에서 톡톡히 발휘되었다. AK는 정밀도가 낮아 명중도가 낮지만 실전에서 잔고장 없이 무지막지하게 발사되었다.

사격장 100미터 표적지 맞추기 게임을 하면 M16이 AK소총을 누를 확률이 높지만, 평균 교전거리가 수십 미터인 베트남 정글전에서는 정답은 AK소총이었던 것이다. (《조선일보》김명환 기자의 글 인용)

이처럼 문제해결에서 무조건 최상의 조건으로 최고의 지원으로 접근하는 것만이 능사는 아니다. 우는 아이에게 만 원 지폐보다는 떡 하나 더 주는 것이 효과적인 문제해결일 수 있다. 즉, 문제해결에서는 요구하는 바(본질)를 정확히 파악해서 그에 맞추어 효율적으로 진행하는 것이 중요하다.

단순하게 M16과 AK소총의 비교지만 시사점은 경우에 따라서 상황이 틀리고 적용점이 다르다는 것이다. 정밀하게 조준 사격을 할 때에는 럭셔리하게 품격 있는 M16이 더 제격이지만, 막싸움을 할 때에는 무조건 쏘고 보는 AK소총이 안성 맞춤이다. 문제해결도 마찬가지이다. 속도감 있게 치고 나가야 할 때가 있고, 창의성을 가지고 차별적인 대안수립을 할 때가 있으며 심사숙고하게 논리성을 가지고 본질을 파헤치면서 고민하여야 할 때가 있다. 다시 말해서 문제의 성격에 따라서 적용하는 방법과 툴(Tool)을 상황에 맞게 사용해야 한다. 그런 점에서 이제부터는 유연성을 가지고 문제해결의 프로세스를 바라보자.

'시작이 반이다'란 말이 있듯이, 객관적인 관점에서 문제가 무엇인지 기술되어지고, 문제해결을 위하여 해야 할 과제가 무엇인지 설정되어지면 문제해결의 반은 이루어진 것이나 다름 없다. 이제부터는 문제해결이 문제정의(What) ┄→ 원인분석(Why) ┄→ 대안수립(How) ┄→ 실행관리(Action)로 순서로 진행되어지면 된다.

첫 단계에서는 문제가 선정되면 상황파악을 통해 그 문제해결을 위해 해야 할 과제(일)가 무엇인지를 설정한다. 문제정의(What)는 문제해결에서 가장 중요한 단계이다. 다음은 원인분석(Why)의 단계로 문제의 인과관계를 파악한다. 이때는 실증적 데이터(Data)의 수집과 분석이 동반된다. 원인분석을 통해 본질이 파악되었으면 창조적인 대안수립(How)의 단계로 이어진다. 아이디어 발산(창의성)과 아이디어 수렴(의사결정)이 조화를 이루면서 창조적인 대안을 수립한다.

마지막으로 해결대안의 실행계획을 수립하고 잠재문제에 대한 대책을 검토하여 마무리하는 실행관리(Action) 단계가 있다. 이와 같은 문제해결의 프로세스는 논리성과 창의성을 동시에 추구하는 창조적 문제해결(CPS)의 프로세스이다.

〈창조적 문제해결(CPS 3.0)의 프로세스〉

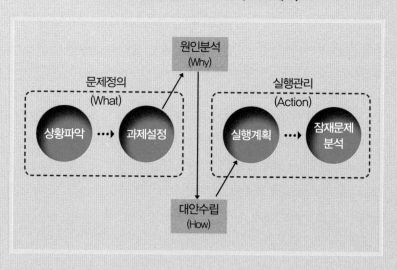

그러나 모든 문제해결이 4단계의 정해진 순서에 따라 이루어지는 것은 아니다. 이제부터는 융통성이 필요하다. 자칫 고지식하게 실행하면 시간적, 경비적, 인적자원 측면에서 커다란 낭비를 초래할 수 있다. 따라서 선택과 집중이 필요하다. 문제의 상황과 경중에 따라서 때로는 속도감 있게 치고 나가고, 때로는 장고를 거쳐 신중하게 문제를 해결해야 한다. 그러나 문제해결을 스킬적인 측면으로만 바라보면 문제의 경중을 떠나서 네 가지 단계를 다 거쳐야 된다는 고정관념에 사로잡히기 쉽다. 이와 같은 행동은 과도한 업무활동으로 조직에 쓸데없는 페이퍼워크를 양산하고, 급기야는 '문제해결 활동이 사람잡는다'는 말이 나오는 배경이 되기도 한다. 이것을 '문제해결을 위한 문제해결'이라고 말한다.

가장 문제해결을 잘하는 이는 가급적 적은 시간을 들여 가장 높은 효과를 낸다. 그리고 문제의 인과관계를 철저하게 분석하여 다시금 그 문제가 발생되지 않도록 창의적인 대안을 수립하는 사람이다. 그와 같은 문제해결의 전개를 위하여 문제해결의 진행 유형을 실행(A타입)에 치중할 것, 창의적 대안마련(B타입)에 치중할 것, 원인분석(C타입)에 치중할 것, 전반적 검토(D타입)를 세밀히 다시 할 것 등 네 가지로 분류하여 제시하겠다. 이를 통해 문제의 상황에 맞는 맞춤형 문제해결 프로세스를 제시하여 문제해결의 효율성과 효과성을 동시에 추구한다.

실례로 케프너 & 트리고의 KT 기법에서는 상황분석(SA)으로 진행과제가 설정되면 진행과제별로 상황분석(SA), 문제분석(DA), 의사결정(DA), 잠재문제분석(PPA) 중에서 집중할 단계를 결정하여 문제해결 프로세스의 효율화를 추구하고 있다. 6시그마에서도 과제기술서(D)가 완성되면 M(측정), A(분석), I(개선), C(관리) 중 집중할 단계를 선정하여 실행계획을 수립하여 전개한다.

- A 타입 문제해결 - 신속하게 해결해간다.
- B 타입 문제해결 - 창조적 대안을 마련하자.
- C 타입 문제해결 - 고민할 때 심사숙고한다.
- D 타입 문제해결 - 변화와 혁신을 추구하자.

Chapter 1

A타입 문제해결 :
신속하게 해결해간다

문제는 즉시 해결하라.

결단이 필요한 일이 있으면 미루지 마라.

─ 데일 카네기Dale Carnegie ─

A타입(Type)은 문제해결의 가장 기본적인 유형이다. 문제정의 후에 과제가 정리되면 과제 중에는 과거에도 있었고 현재에도 있고 앞으로 있을 프로세스의 정형화가 명확한 과제, 문제를 발생시킨 요인이 복잡하지 않은 과제, 그간의 사례를 종합하여 볼 때 객관적으로 문제의 원인도출이 가능한 과제, 지식과 경험과 노하우에 근거하여 자연스럽게 문제의 원인과 최적의 실행대안이 정리가 되어 곧바로 실행하면 되는 과제 등이 있다.

이런 과제는 신속하게 해결해나가야 한다. 여기에 시간적인 여유를 두고 고민하다 보면 중요한 기회를 놓쳐 큰 손실을 볼 수 있기 때문이다.

〈A타입 문제해결의 프로세스〉

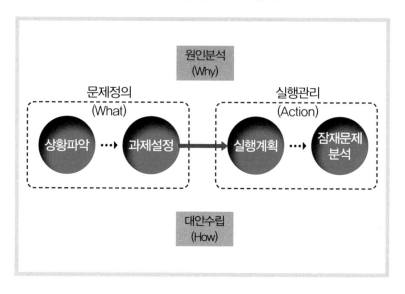

[문제 상황 11] 회사의 주차장에 차를 댈 곳이 없다고 항상 고객들의 불평불만이 끊임이 없다. 근본적으로 주차장이 작은 데, 고객들뿐만 아니라 이제는 갓 들어온 신입사원까지도 차를 가지고 다니다 보니 주차장의 혼잡이 더 심한 것 같다.

회사 주차장의 경우 문제가 정의가 되어 과제가 설정되면, 고민할 것도 없이 원인분석과 대안수립이 자연스럽게 이루어진다.

- 문제 : 회사 주차장이 혼잡하다.
- 원인 : (1) 회사 주차장이 좁다.

(2) 고객과 직원이 차를 많이 가지고 온다.

■ 대안 : (1) 단기적으로 5부제를 시행하여 차의 유입을 줄이자.

(2) 장기적으로 주차장을 늘리자.

이런 과제는 실행에 주안점을 두어야 한다. 일명 퀵 과제(Quick Project)로 명명된다. 실제로 조직의 과제를 정리하다 보면 A타입 과제 비중이 상당히 높음을 알 수 있다. 그 이유는 조직이 성장하면서 지식과 노하우가 많이 쌓였으므로, 문제정의만 제대로 하면 원인과 대안 수립이 저절로 이루어지기 때문이다.

때로는 선배들의 조언과 경험적 노하우가 훌륭한 대안이 되기도 한다. 그러므로 A타입 과제 비중이 높다는 것은 그만큼 그 조직이 건강하다는 것을 입증하는 것이기도 하다. 따라서 A타입 과제는 실행에 포커스를 맞추어야 한다. 납기일에 맞추어 실행계획을 수립하고 속도감 있게 진행하는 것이 가장 중요하다.

그러나 뜻밖에 A타입 과제를 가지고 고민하는 사람이 있다. 원인분석을 좀 더 심도 있게 해본다고 쓸데없는 고민을 하기도 하고, 해결대안을 손에 쥐여 주었는데도 차별적인 대안을 다시 만든다고 차일피일 미루는 경우가 많다.

이유는 무엇일까? 여러 가지가 있지만 너무 쉽기 때문이다. '너무 뻔하다'고 느껴져 인정을 받지 못한다는 것이다. 그러다보니 계획은 있고 실행이 안 되는 과제가 속출하게 된다. 이명박 정부 시절, 도로의 대못을 가장 많이 뽑았다. 일명 도로 근처에서 차와 사람의 통행을 방해하면서 딱 버티고 서있는 전봇대로 항상 사고의 위험을 두고 방치되었던 것이다. 왜 그랬을까? 그냥 뽑으면 되는데, 아마도 눈에 들어난 뻔한 문제이어서 해결해도 인정받지 못할 것이고, 뽑는데 관련부서의 협조를 얻어야 하는 등 잔일에 힘만 들어가기 때문이었을 것이다.

이처럼 우리 주변에는 조금 관심을 두고 노력만 하면 해결할 수 있는 문제가 많이 방치되고 있는 것이 사실이다. 사고유발 전봇대 하나 뽑는데 정권이 바뀌고 대통령 지시에 의해서 해야 된다면 말이 안 된다. 그 말은 할 수 있었는데도 안 하고 책임을 회피했다는 말과 같다.

다음으로 우리들의 스탭바이스탭(Step by Step) 정신 때문이다. 뭐든지 프로세스가 있으면 그 순서를 착실히 따르는 습성이 있다. 그 프로세스를 밟지 않으면 뭔지 허전하면서 찜찜한 기분이 들고 완성도가 떨어지는 느낌을 받기 때문이다.

필자가 직장 생활 중에 교육담당이면서 6시그마 BB로서 활동한 적이 있다. 6시그마의 프로세스는 D ⟶ M ⟶ A ⟶ I ⟶ C 5단계의 프로세스를 거친다. 엄밀히 말하면 이 프로세스는 문제정의(D단계) ⟶ 원인분석(M,A단계) ⟶ 대안수립(I단계) ⟶ 실행관리(C단계)의 창의적 문제해결 4단계 프로세스와 맥락을 같이 한다. D단계(문제정의)에서 문제가 기술되고 실행과제가 정리되면, A타입 과제는 곧바로 C단계(실행관리)로 들어가서 곧바로 실행하여 아웃풋(Output)을 창출하면 된다.

그런데 많은 프로젝트 추진 리더들이 다 알고 있는 내용과 결과를 가지고 D ··· M ··· A ··· I ··· C 5단계의 프로세스를 거치는 사례를 수도 없이 보아왔다. 거기에 더해서 단계별 실행기한이 한 달로 정해지면, D단계 진행 한 달 이후에 M단계가 진행되고, 한 달 이후에 다음 단계가 진행되는 식으로 전개된다. 결론적으로 1주 정도면 정리될 과제가 5개월이 걸린다는 것이다. 자칫 이런 과제활동들은 잘못하면 문제해결의 주된 활동은 문서작성이 되어버리기 쉽다. 6시그마 추진 팀에서 A타입 과제는 과제등록 후에 퀵과제(Quick Project)로 곧바로 실행하도록 지도를 하여 보았지만 큰 효과를 보진 못했다.

이유는 A타입 과제는 조직에서 인정해주지 않는다는 것이다. 그러다 보니 과제를 그럴싸하게 포장하는 활동에 매진하게 되어버린다. 다시 말해서 6시그마를 위한 6시그마 활동을 했던 것이고, 결국에는 6시그마 경영혁신이 직원들의 업무에 부담만 되고 조직성과에 도움이 되지 않는다고 해서 중단되었다. 이 부분에서는 필자도 6시그마 BB(Black Belt)로서 사명감과 책임감을 느끼고 적극적으로 몰입하지 않았던 것에 많은 반성을 하고 있다. 따라서 문제해결을 함에 있어 선입관과 직감으로 문제를 바라보는 것도 경계해야 하지만, 너무 몰입하여 다 나온 정답을 가지고 세월을 허송하는 것도 조심해야 할 사항이다.

따라서 빠르게 진행하되 디테일한 계획 수립과 전개를 동시에 해야 한다. 대부분의 문제해결자들은 실행계획을 세심하게 수립하는 데는 부족함이 없다. 그러나 '빨리빨리' 병으로 간과하고 지나가는 것이 있다. 실행에 앞서 앞으로 발생할 수 있는 잠재 문제(Risk)에 대한 분석과 대책 수립이다. 행사준비를 열심히 하고서도 예상치 못한 사소한 사건 (잘못) 하나로 행사 전체를 망치면 아무 소용이 없다. 그래서 여기에서는 실행계획 수립보다는 잠재문제 분석에 주안점을 두어 디테일한 실행관리의 프로세스를 제시하겠다.

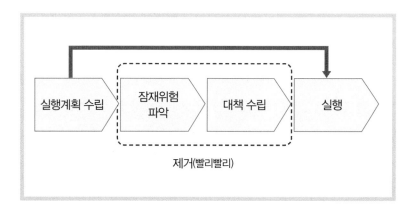

〈간과하기 쉬운 사항〉

잠재위험 분석을 위해서는 실행 전에 한발 멈추고 생각하는 자세가 중요하다. 실행 시에 '발생될 수 있는 문제가 무엇일까?' 항상 의문을 가지고 생각해 보아야 하고 잠재위험에 대한 주변의 의견에 경청하는 수용의 마음이 있어야 한다. '자신이 낸 아이디어에 도취된 경험이 있는가?'라고 질문하면 대다수 문제해결자들은 '경험이 있다'고 말한다. 이 말은 이렇게 좋은 아이디어가 자신의 머리에서 나왔다는 것이 의심스러울 정도로 자신의 아이디어에 도취된 경우를 말한다.

이럴 때가 가장 위험한 순간이다. 주변의 말을 자신의 뒷다리 잡는 걸림돌로 생각하고 진행하여 대형사고를 치는 경우도 생긴다. 따라서 실행에 앞서, 전체 성과에 중대한 영향을 미치는 곳, 잘못될 경우 그 결과가 치명적인 곳, 처음 해 보는 곳, 일정상 시간적 제약이 있는 곳, 책임소재가 불분명한 곳 등을 중심으로 잠재위험(Risk)을 나열하여 보는 것이 중요하다. 전체를 다하기보다는 핵심에 집중하면 전체를 통제할 수 있기 때문이다.

[문제 상황 12] 직원들의 하계수련 야유회를 주말을 이용하여(토/일, 1박 2일) 경포대에서 진행할 예정이다. 모든 준비는 다 끝냈고 혹시 발생할 수 있는 잠재위험 요인에 대한 대비책을 수립하고자 담당자 회의가 진행 중이다.

〈문제 상황 12〉의 경우는 항상 우리주변에서 진행되는 일들이기도 하다. 잠재위험 검토도 선택과 집중이다. 모든 부분에 대한 잠재위험 검토보다는 핵심적인 부분에서 발생할 수 있는 잠재위험 요인을 도출하는 것이다. 선택과 집중의 방법은 진행순서(아니면 실행순서)를 정리하고 그 프로세스상에서 잠재위험이 발생할 소지가 높은 곳을 몇 군데 선정한다. 그리고 그곳에서 발생할 수 있는 잠재요인을 브레인스토밍 방식으로 나열하고, 그 요인 중에서 발생할 가능성도 높고 발생했을 때 치명적인 핵심요인을 선정한다. 핵심요인이 선정되었으면 그 요인의 발생원인을 유추해 보고 대책을 수립하는 순서로 진행된다. 때에 따라서

는 핵심요인이 선정되면 그 자체가 원인인 경우가 많다. 그런 때는 발
생원인을 유추하는 별도의 활동을 하지 않아도 된다.

- 경포대 야유회 진행순서
- 잠재위험 요인 _ 리스크 1) 제대로 집합이 이루어지지 않는다.

  리스크 2) 이동 시 차 사고 위험이 있다.

<사례 연구 : 경포대 야유회 잠재위험 분석>

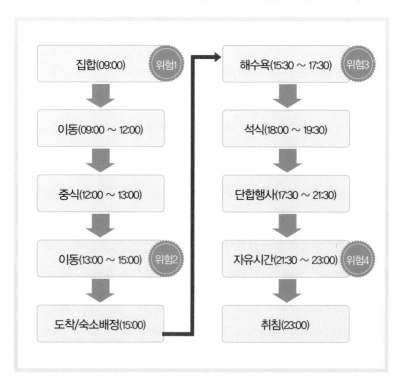

리스크 3) 물놀이 시에 안전사고 위험이 있다.

리스크 4) 단합행사에서 다툼이 있을 수 있다.

■ 잠재위험 원인

   - 늦잠, 무사안일한 태도

   - 식곤증, 안전띠 미착용

   - 준비운동 부족, 수영에 대한 과신

   - 과도한 음주

잠재위험에 대한 원인분석이 되었으면 핵심원인을 선정하여 대책을 수립한다. 대책은 예방대책과 발생 시 대책으로 이원화하여 수립한다. 예방대책은 잠재위험의 발생 가능성을 낮추는 대책이고, 발생 시 대책은 예방대책을 하였는데도 잠재위험이 발생하였을 때 쓰는 비상시의 대책이다.

■ 예방 대책

   - 아침 6시에 참가자 전원에게 문자메시지 발송, 9시 20분에는 무조건 출발

   - 운전기사에게 건강음료 제공, 안전띠 착용여부 수시 확인

   - 안전요원 배치, 입수 전 안전요원과 함께 준비운동

   - 음주 캠페인 '잔 안 돌리기' 소주 1인당 1병으로 제한

■ 발생 시 대책

- 지각자를 위한 차량 1대 대기

- 119에 즉각 신고, 비상 매뉴얼 가동

- 수영 중지, 안전요원의 구호조치 지원, 비상 매뉴얼 가동

- 문제사원 격리 조치, 단합행사 단축하여 운영

실행관리 단계에서 가장 바람직한 경우는 발생 시 대책까지는 가지 않는 것이다. 중요성의 관점에서 긴급성의 관점으로 넘어가면 실행이 비상체제로 들어가기 때문이다. 그러나 탁월한 문제해결자는 디테일한 관점에서 대책을 예방 대책과 발생 시 대책으로 구분하여 세워 두고 대비한다. 실제로 우리 주변에서는 이와 같은 대책수립에 미미하여 낭패를 본 사례가 허다하게 많다.

[문제상황 13] 북한의 연평도 포격이 사전에 감지되었다면? 우리군의 예방대책은 군의 비상체제를 가동하여 경계와 대응수준을 높이고, 북한이 사전도발을 못하도록 주변국(중국, 러시아, 미국)을 통해 북한에 외교적 압력을 행사하는 것이다. 그렇게 준비하였음에도 불구하고 북한이 포격했다면, 발생 시 대책은 연평도 주민들을 안전지대로 신속히 대피시키고, 군의 교전수칙에 따라 단호하게 대응사격하여 적의 도발 원점을 철저하게 응징하는 것이다. 그런데 현실은 어떠한가?

물론 우리 군의 즉각적인 대응사격으로 적에게 응분의 대가를 치르

도록 해주었지만, 여러 가지 아쉬운 점이 많았던 것은 사실이다. 가장 핵심인 K9자주포가 고장나서 6문중 3문으로 대응하였고,[21] 즉각적인 대응사격에서 약간의 시차가 발생하였던 점이다. 무엇보다도 군만 믿고 생계를 꾸려나가고 있던 연평도 주민들에게 생과 사를 오가는 불안감을 가슴 깊이 심어주었던 점이다.

이와 같이 A타입 문제해결은 간단하고 쉬워보여도 자칫 잘못하면 결과(Output)를 망칠 수 있는 중요한 문제해결 유형이다. 그러므로 실행에서는 마지막까지 긴장을 놓지 않고 빠르고 세심하게 실행해야 한다. 또한 전문성 있는 현장감각으로 사전에 준비하고 대비하고 그 문제가 다시금 발생하지 않도록 해야 한다.

Chapter 2

B타입 문제해결 :
창조적 대안을 마련하자

모두가 비슷한 생각을 한다는 것은
아무도 생각하고 있지 않다는 것이다.
– 앨버트 아인슈타인Albert Einstein –

B타입(Type)은 참신한 대안수립이 필요한 문제해결 유형이다. 문제
정의가 체계적으로 진행되면 문제와 문제점 분석을 통하여 자연스럽
게 원인분석이 이루어진다. 따라서 창조적인 대안을 구상하는 것에 집
중해야 한다. 문제해결에서 '대안을 구상한다'는 것은 기존의 것을 벗어
나 차별적인 대안을 창출한다는 것이다.

구상할 때는 기존의 성공사례를 통해 대안을 설정할 것인지, 차별화
된 아이디어 창출을 통해 새로운 길을 갈 것인지 결정한다. 탁월성을 추
구한다면 창조적인 대안구상을 해야 한다.

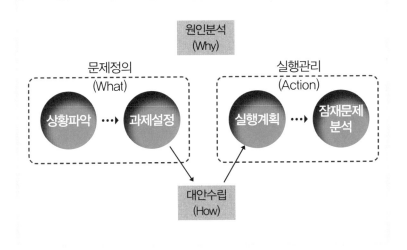

〈B타입 문제해결의 프로세스〉

[문제 상황 14] 고속도로 정체는 출퇴근 시간과 주말에 절정을 이루었다. 특히 추석과 설 연휴에는 중요한 이슈로 대두하였다. 원인은 고속도로가 부족하고 상하행선의 차선이 적다는 것이었다. 가장 이른 시일 내에 고속도로를 늘려야 되는데, 고속도로가 건물 하나 올리듯이 뚝딱 만들어지는 것이 아니었다. 사고의 전환을 가져온 획기적인 해결책은 일명 '버스전용차로'였다. 그것도 주행선이 아닌 추월선을 버스에게 내주는 역발상의 차별적인 대안이었다.

문제해결에서 시작은 원대하지만 결말이 시시한 경우를 많이 볼 수 있다. 대안을 수립하는 과정에서 기존의 프로세스를 답습하기 때문이다. 이는 리스크 요인을 최소화하기 위해 현재의 상태를 고수하면서, 약간의 현상적 변화를 통해 무언가 바뀌었다는 보여주기식 문제해결을 하기 때문이다. 이와 같은 구태의연한 자세에서 벗어나 참신한 대안을 수립하기 위해서는 외부의 성공사례도 벤치마킹하여 보고, 창의적인 아이디어도 도출해 보면서 차별화된 탁월성을 추구해야 한다. 그런 점에서 1990년 8월, 도로교통법에 따라 버스전용차로 설치근거를 마련하고 1993년 8월부터 시작된 버스전용차로는 운전자들의 상식을 뛰어넘는 창조적인 대안이라고 생각한다.

처음에 필자는 버스전용차로 시행은 말도 안 되는 탁상행정의 전형이라고 비판하였다. 현장에 가서 원인도 제대로 파악하지 않은 공무원들의 전시행정의 전형으로 조만간 폐기처분 될 것이라는 확신하였다. 그러나 초창기 시행착오를 해결하고 지금은 고속도로뿐만 아니라 도심지 시내버스 전용차로까지 확대되어 운영되고 있다. 주말뿐만 아니라 평일에 서울에 갈 때도 이제는 자가운전보다는 대중교통을 이용하는 것이 생활화되었다. 이유는 버스의 막힘이 없다 보니 늦지 않게 목적지에 도착하는 확률이 높아지면서, 내가 시간을 관리할 수 있기 때문이다. 이렇듯 남들은 안 된다는 것을 되는 것으로 바꾸어 놓는 발상의 전환은 대중교통의 문화도 바꾸어 놓았다.

이처럼 B타입 과제는 창조적인 대안 수립에 포인트를 맞춘 것이다. 문제정의 단계에서 문제와 문제점의 인과관계가 규명되었기 때문에 창조적인 대안에 치중하는 것이다. 또한 많은 학자들이 연구한 문제해결의 모형도 B타입(문제정의 ⋯ 대안수립 ⋯ 실행관리)과 맥락을 같이하고 있다. 단, 예전에는 대안수립이 논리성을 강조하는 측면에서 '의사결정(Decision Making)'에 초점을 맞추었다면, 이제는 차별적인 대안창출을 위한 창의성도 강조하는 추세이다. 따라서 대안수립의 단계는 대안발산(창의성)과 대안수렴(의사결정)의 두 가지 요인으로 구성되어 있고, 두 요인이 조화를 이루면서 함께 작동되어야 한다.

좋은 목재를 선정하려면 먼저 산림이 우거진 숲이 있어야 하고, 어떤 목재를 선정할 것인지 기준이 있어야 한다. 먼저 숲(Resource)을 보고 나무(Solution)를 선택해야 한다. 대안을 수립할 때도 먼저 대안의 자원을 풍부히 준비해야 그중에서 훌륭한 대안 선정이 이루어질 확률이 높게 된다. 그러기 위해서는 뇌의 흐름을 효과적으로 활용하는 기술이 필요하다.

뇌는 우뇌(창의적 사고)와 좌뇌(논리적 사고)의 이중구조로 우뇌와 좌뇌를 이어 주는 뇌량으로 구성되어 있다. 대안을 수립할 시에는 창의적인 우뇌를 통하여 아이디어를 맘껏 발산하고, 논리적인 좌뇌를 통하여 객관적인 관점에서 문제의 본질을 해결할 수 있는 최고의 아이디어를 선정하는 것이 중요하다.

그러나 대부분은 창의적으로 아이디어를 발산할 때에 논리적인 뇌로 접근하여 아이디어의 다양성과 차별성을 제어하고, 논리적으로 대안을 선정할 시에는 창의적으로 접근하여 섣부른 의사결정을 하게 된다. '문제를 해결한다'는 것은 현재보다 더 나은 미래의 성과를 기대하는 것이다. 보다 나은 성과를 기대한다면 현재까지 해왔던 방식을 벗어나 프로세스의 차별화를 모색해야 한다. 그러기 위해서는 뇌의 '자가정리 메커니즘(Self-Organizing Mechanism)'을 벗어나야 한다. 뇌의 자가정리 메커니즘이란 인간의 사고패턴은 자신의 지식과 경험과 노하우에 근거한다는 이론이다.

[문제 상황 15] 김태희, 배용준, 정현돈 씨는 모닝, 소렌토, 말리부, 제네시스, 마이바흐, 스포츠카 중에서 각자 어떤 차를 선호할까요?

이와 같은 질문에 십중팔구(十中八九)는 다음과 같이 대답한다.

- 김태희는 섹시하고 예쁘니까, 스포츠카를 탈 것이다.
- 배용준은 돈이 많으니까, 마이바흐를 탈 것이다.
- 정형돈은 체격이 좋으니까, 쏘렌토를 탈 것이다.

이것은 우리의 고정관념에 따른 대답이다. 본인들에게 직접 물어보지는 않지만, 김태희 씨는 안전을 생각해서 쏘렌토를 선호할 수도 있고, 배용준 씨는 실용주의자로 소형차를 선호할 수도 있다. 정형돈 씨는 인기 연예인의 품격에 맞추어 고급차를 선호할 수도 있다. 이처럼 생각이 다양할 수 있는 데 나만의 테두리 속에서 형성된 사고의 패턴을 고수하게 된다. 이와 같은 현상이 뇌의 '자가 정리 메커니즘'이다.

뇌는 살아가면서 받은 정보를 인식하는 즉시 해석을 하고 해석에 따라 행동의 패턴을 형성하게 된다. 예를 들어 '숟가락은 밥을 먹을 때 사용하는 것이다. 연필은 글을 쓸 때 사용하는 것이다. 옷은 입는 것이다' 등의 생각이 바로 이것이다. 만약 이와 같은 뇌의 작용이 없다면 매번 같은 정보에 해석해야 하는 불편함으로 인간은 정상적으로 살아갈 수가 없다. 그러나 습득하는 지식과 정보가 많아지면서 해석의 패턴이 많아지고 그 패턴이 중복되면서 나만의 사고패턴이 만들어진다. 다른 말로 표현하면 고정관념과 선입관이다.

창의성을 발휘하려면 이러한 사고에서 벗어나야 한다. 그러나 중요한 것은 테두리를 벗어나려면 테두리가 있어야 한다는 점이다. 이 테두리는 부정적인 관점에서는 고정관념, 선입관이지만 긍정적인 관점에서는 지식, 경험, 노하우 전문성의 영역이다. 즉, 지식과 경험과 노하우가 늘어날수록 고정관념, 선입관이 늘어나 창의성에 방해를 받는다는 것이고, 지식과 경험과 노하우가 없으면 벗어날 테두리가 없어 창의성을 발휘하지 못한다는 것이다.

따라서 창의성을 발휘하기 위해서는 지식과 경험과 노하우를 키우는 데 주력해야 하며, 아울러 동시에 키워지는 고정관념과 선입관을 제어하는 노력을 해야 한다. 가장 좋은 방법이 창의적인 우뇌를 적극적으로 활용하는 것이다. 스킬적인 측면에서는 오즈본(Osborn)의 브레인스토밍(Brain-Storming)을 생활화하면 창의성을 키우는 데 많은 도움이 된다. 브레인스토밍은 너무나 중요한 스킬이어서 학교에서도 조직에서도 일상적인 교육이 이루어져 언제든지 즉시 적용이 가능하다.

그러나 안타깝게도 대부분의 사람이 브레인스토밍을 머리로만 알고 있다. 문제해결 강사로서 전국의 기관과 기업체에서 강의하면서 '우리 조직은 브레인스토밍의 4대 규칙을 잘 알고 있습니까?'라고 질문하면 거의 전부가 손을 든다. 그러나 '우리 조직은 브레인스토밍을 할 때에 브레인스토밍의 4대 규칙을 충실히 지켜가며 하고 있습니까?'라고 질문하면 거의 전부가 손을 내린다.

〈브레인스토밍의 4대 규칙〉

- 규칙 1. 비판엄금 : 자유분방한 제안을 크게 환영한다.
- 규칙 2. 자유분방 : 내가 한 말에 책임지지 않는다.
- 규칙 3. 질보다양 : 아이디어는 많을수록 좋다(다다익선).
- 규칙 4. 무임승차 : 남의 말에 내 생각을 더 해도 좋다.

원인은 브레인스토밍을 통하여 대안(Solution)을 찾으려고 하기 때문이다. 그러다 보니 나온 아이디어가 마음에 들지 않으면 실망하고 비난하게 되고, 그 비난을 받게 되면 같이 참여한 사람들은 입을 다물게 된다. 브레인스토밍의 기본 정신은 대안을 찾기 위해 하는 것이 아니고, 대안을 찾기 위한 자원(Resource)을 풍부히 확보하는데 있다. 그래서 자원을 풍부하게 만들기 위한 브레인스토밍의 4대 규칙이 있는 것이다. 따라서 브레인스토밍을 할 때는 묻지도 따지지도 설명하지도 말고 무의식속에서 발산하는 것이 중요하다.

[문제 상황 16] 여러분은 우리 시의 불법 주정차가 많아서 골치를 썩이고 있는 대책위원입니다. 불법 주정차를 근절할 방안에 대해서 많은 아이디어를 내주시기 바랍니다.

간단한 실습이지만 3분의 시간을 주고 나온 아이디어를 살펴보면, 아이디어가 많이 나온 팀과 적게 나온 팀으로 분명하게 구분된다. 아이디어가 많이 나온 팀은 우뇌로(창의성) 하였고, 적게 나온 팀은 좌뇌로(논리성) 한 것을 알 수 있다. 좌뇌팀의 아이디어는 어디서 많이 들었던 것, 기존에 시행하고 있는 것 중심이다. 즉 브레인스토밍하면서도 좌뇌를 활용하여 정답을 찾으려 했고, 당연히 사고의 테두리를 벗어날 수 없어 아이디어 수가 적었다. 우뇌팀은 상당히 엉뚱하면서도 실행가능성과는

〈사례 연구 : 불법주정차 근절방안 브레인스토밍〉

좌뇌팀	우뇌팀
• 벌금을 늘린다. • 주차장을 늘린다. • 카풀을 장려한다. • 단속요원을 늘린다. • 주차비를 올린다. • 벌금을 올린다.	• 차를 폐차시킨다. 구속시킨다. • 벌금 100만 원을 부과한다. • 페인트칠을 한다. • 떨어지지 않는 스티커를 부착한다. • 타이어를 다 빼버린다. 유리창을 깬다. • 면허정지를 시킨다. 도로를 없앤다. • 도심 차량 진입을 금지시킨다. • 1년간 사회봉사 활동을 시킨다.

동떨어진 아이디어 중심이다. 사고의 테두리를 확 벗어났고 브레인스
토밍의 전형적인 모델을 보여준다.

다시 강조한다면 브레인스토밍은 대안을 찾고자 하는 것이 아니고,
대안을 찾기 위한 자원(Resource)을 풍부히 하고자 하는 것이다. 브레인
스토밍 한 번으로 무엇을 해결하려는 생각을 버리고, 자연스럽게 2차,
3차, 4차의 브레인스토밍 활동을 하면서 정제되지 않은 아이디어를 가
다듬으면 나가야 한다. 이와 같은 아이디어의 연쇄적인 증폭 활동을 박
종안(2005)[22]은 고스톱(Go/Stop)브레인 스토밍으로 제시하고 있다.

〈고스톱(GO/Stop) 브레인스토밍〉

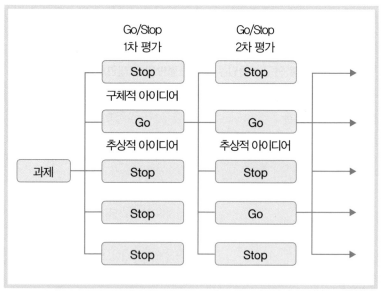

※ 출처 《대한민국 창의력 교과서》(박종안, 2005, 푸른솔), p.166 인용

132

이처럼 아이디어 발산의 기본은 브레인스토밍에 두고 브레인스토 밍 후에 의무적으로 2차, 3차의 브레인스토밍 활동으로 아이디어의 증 폭을 도모한다면, 브레인스토밍은 대안(Solution)을 찾는 것이 아니고 자 원(Resource)을 풍부히 하는 것이라는 문화가 구축된다. 여기에 브레인 스토밍을 기반으로 하는 창의적 사고를 위한 네 가지 행동원칙[23]을 적 용하면, 아이디어 발산을 위한 도구들을 문제해결의 목적에 맞추어 활 용할 수 있다.

〈브레인스토밍의 네가지 행동원칙〉

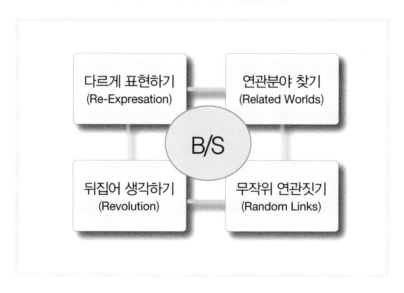

- 다르게 표현하기(Re-Expression) : 이슈나 문제를 다르게 표현한다.
- 연관분야 찾기(Related Worlds) : 유사한 이슈가 있는 다른 영역을 찾는다.

■ 뒤집어 생각하기(Revolution) : 기존에 사용한 원칙이나 가정을 부인한다.

■ 무작위로 연관 짓기(Random Links) : 이슈를 여러 가지 사물 등과 연관 시켜본다.

※ 출처 : 《창의적 아이디어로 혁신하라》(데이브 앨런 · 맷 킹돈 · 크리스 무런 · 대즈 루드 킨 지음, 권양진 옮김, 2007, 평단), p. 33 인용)

많은 조직이 창의적인 조직 구축을 모토로 내세운다. 어려워할 것 없이 브레인스토밍만 제대로 하면 개인과 조직의 창의성은 그 순간 배가 된다. 자신의 생각을 자유롭게 말할 수 있고 그 생각을 들어주는 사람이 있으며 서로의 의견을 교환하여 대안을 도출할 수 있는 조직이라면 창의적인 역량은 자연스럽게 강화될 수 있기 때문이다. 즉, 브레인스토밍은 소통(通)의 문화를 구축하여 주고 자연스럽게 개인과 조직의 창의적 역량을 강화한다.

창의성을 통하여 아이디어를 마음껏 발산하였으면, 발산된 대안 중에서 최상을 선별할 수 있는 아이디어 수렴(의사결정)의 과정과 조화를 이루어야 한다. 의사결정의 효율성을 높이기 위해서는 사고의 체계를 〈시스템 1 사고〉와 〈시스템 2 사고〉로 나누어 생각해보면 유용하다(Stanovich & West, 2000[21]).

〈시스템 1 사고〉는 직관적인 사고 체계로 자동적이며 노력이 필요하지 않는 내재적이고 정서적인 사고로 일상생활에서 대부분의 의사결정을 이것으로 내린다. 예를 들어, 마트에서 라면을 고를 때 이것저것 논리적으로 따지는 것은 비현실적이고, 그때마다 좋아하는 감정에 따라 의사결정을 하는 것이 가장 좋은 방법이다.

〈시스템 2 사고〉는 논리적인 사고체계로 의식적이며 노력이 필요한 사고를 말하며, 기본적으로 의사결정의 논리적인 프로세스를 가지고 있다. 대부분의 상황에서는 〈시스템 1 사고〉로 의사결정이 충분히 가능하지만, 중요한 의사결정을 해야 할 때는 〈시스템 2 사고〉의 논리적인 프로세스로 하는 것이 바람직하다. 〈시스템 2 사고〉는 의사결정자의 선호체계에 따라 '합리적 수행'을 전제로 한다. 그 이유는 직감에 의존하는 주먹구구식의 편향적 사고(휴리스틱, Heuristic)을 벗어나기 위함이다[25].

편향적 사고(시스템 1 사고)의 의사결정은 시간을 절약해주는 장점은 있지만 의사결정의 질이 현저히 저하될 수도 있다. 또한, 유익한 상황과 해로운 상황을 구분하지 못하여 무엇을 잘못했는지 깨닫지 못하게 할 수도 있다. 심지어 현명한 사람도 일상에서 잘못된 의사결정을 내리는 일이 있는데, 그것은 〈시스템 2 사고〉보다는 〈시스템 1 사고〉에서 일어날 가능성이 훨씬 높다. 편향적 사고에 대한 사례를 간단하게 제시하면 다음과 같다.

H, 머, 거 모두 틀린 답은 아니다. 우리가 어느 관점에서 보았는가에 따라 정답일수도 오답일수도 있다. 이렇듯 우리는 자신만의 '편향적 사고'로 세상을 바라보는 성향이 있고, 때로는 이것을 통하여 의사결정의 오류를 범할 수 있다. 그러나 하루하루의 일상은 바쁘고 급하게 일이

• "어떤 문자가 보이나요?"라고 질문하면?

• 잠시 많은 사람들은 생각을 하다가 "K 문자가 보인다"고 대답한다.

• 잠시 후에 "어떤 문자가 보이나요?" 다시 한 번 질문하면

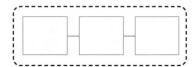

• 주저하지 않고 "H 문자가 보인다"고 대답한다.

그러나 다른 사람에게 똑같은 질문을 하면 "머 아니면 거가 보인다"고 말한다.

※ 출처 : 〈김대리도 뻑가는 교육게임 99가지〉[26] P.111 인용

진행되어 〈시스템 1 사고〉에 의존하여 의사결정을 진행하는 경우가 많다. 그럴 때 일수록 〈시스템 2 사고〉의 논리적인 시스템으로 의사결정을 할 수 있도록 의식적으로 노력할 필요가 있다. 〈시스템 2 사고〉의 논리적인 프로세스는 주장하는 학자에 따라 여러 단계가 있지만 간단하게 한 가지 원형을 제시하면 다음과 같다.

- (1) 의사결정의 목적을 분명히 한다.
- (2) 목적에 맞추어 의사결정의 기준을 명확히 분류한다.
- (3) 의사결정의 대안들을 제시한다.
- (4) 대안들을 평가기준에 따라서 정확히 계산하여 가장 높은 대안을 선정한다.
- (5) 최종적으로 리스크 요인 분석을 통해 최종 대안을 선정한다.

첫째, 의사결정의 목적을 분명히 한다. 모든 것에는 시작이 전체를 좌우한다. 문제해결의 프로세스 중에서 문제정의 단계가 전체를 좌우하듯이, 의사결정에서도 '무엇을 위한 의사결정을 할 것인가?'라는 의사결정의 방향성이 무엇보다 중요하다. 방향성이 제대로 되어 있지 않으면 자신도 모르게 주변에 현혹되어서 배가 산으로 갈 수도 있다. 그러므로 무엇을 위한 의사결정인지를 명백히 해야 한다. 단순히 '신랑감 구하기'보다는 '나의 꿈에 동반자가 되어줄 신랑감 구하기' 등으로 의사결정의 방향성을 정할 수 있다.

( ) 을/를 위한 ( ) 을/를 한다

의사결정의 방향성을 구체적으로 표현하기 위해서는 목적과 의사결정 행위로 구분하여 표현하면 된다. 먼저 '~를 위한' 의사결정의 목적을 정해야 한다. '지금보다 큰 평수 입주를 위한', '근무지 출·퇴근이 용이한' 등으로 의사결정의 궁극적인 목적을 가급적 구체적으로 표현하면 할수록 좋다. 다음으로 '~를 한다'라는 의사결정의 행위를 기술하면 된다. '쾌적한 아파트를 선정한다' 등으로 의사결정을 통해 얻고자 하는 바를 과제화하여 표현하면 의사결정의 방향성이 분명해질 수 있다.

'지금보다 큰 평수 입주를 위한 쾌적한 아파트를 선정한다.'

현명한 의사결정자는 먼저 가고자 하는 방향을 분명히 한다. 방향성이 확고하면 할수록 의사결정 시 생길 수 있는 혼돈과 유혹에서 흔들리지 않는 중심을 잡을 수 있기 때문이다.

둘째, 목적에 맞추어 의사결정의 기준을 명확히 분류한다. 의사결정의 기준을 절대기준(Must)과 희망기준(Want)으로 구분하면 의사결정의 합리성과 명확성이 높아질 수 있다. 절대기준은 의사결정 시 절대 포기 못 하는 것으로 이것만은 꼭 달성되어야 하는 기준이다. 그러므로 절대기준은 측정이 명확하고 수치로 표현이 가능해야 하며 구분의 경계가 분명해야 한다. 예를 들어 신랑감 선정을 위한 절대기준을 정한다면, 키가 큰 사람보다는 '키는 180cm 이상인 사람', 재산이 많은 사람보다는 '연봉 1억 이상' 등으로 구체적인 표현으로 정해야 한다. 따라서 절대기준은 많을수록 좋지 않고, 반드시 달성해야 하는 필수 목표 중심으로 선정해야 한다.

희망기준은 절대기준을 통과한 대안 중에서 이 정도까지 만족되어진다면 좋겠다는 금상첨화(錦上添花)의 기준이다. 절대기준(키 180cm이상, 연봉 1억 원)을 통과한 사람 중에 성격도 좋고, 학벌이 좋으면 더할 나위 없이 1등 신랑감으로 의사결정을 할 수 있다. 따라서 희망기준(Want)의 선정 요건은 수량은 10개 이내가 적당하고, 의사결정의 만족도를 반영하는 희망 목표이어야 한다. 평가 시에는 희망기준 간에 중요도를 고려하여 가중치를 부여해야 하며, 때에 따라서는 절대(Must) 항목을 희망(Want) 항목으로 전환할 수 있다.

셋째, 의사결정의 대안을 선정한다. 대안은 의사결정을 하기 전에 선정될 수도 있고, 의사결정의 프로세스에 따라서 선정할 수도 있다. 한가지 명심해야 할 사항은 절대기준에 너무 벗어나는 대안은 사전에 배제하는 것이 좋다. 예를 들어 3억에서 4억 이내의 30평 수준 아파트를 생각하고 있는데, 뜬금없이 30억의 강남 50평대 타워팰리스를 대안으로 생각한다면 이로 인해서 다른 대안들의 가치가 많이 상쇄될 수 있다.

- A지역 35평 아파트(4억, 담보대출 7천만 원)
- B지역 30평 아파트(3억, 담보대출 5천만 원, 신규입주)
- C지역 32평 아파트(3억, 담보대출 8천만 원)

〈사례연구 : 아파트 선정 절대기준과 희망기준〉

절대기준(Must)	희망기준(Want)
• 아파트 가격은 3억 원 이내 • 담보대출은 9천만 원 이내	− 가급적 회사와의 거리가 가까웠으면 …. − 아파트 평수가 컸으면 …. − 단지 내에 학교가 있었으면 …. − 아파트 주변에 상권이 형성되어 있었으면 …. − 신규 입주 아파트였으면 ….

■ D지역 25평 아파트(2억, 담보대출 4천만 원)

넷째, 대안들을 평가기준에 따라서 정확히 계산하여 평가점수가 가장 높은 대안을 선정한다. 먼저 대안들 중에서 절대기준을 충족하지 못하는 것을 후보 순위에서 탈락시키고, 절대기준을 충족시키는 것에 한하여 희망기준으로 평가한다. 절대기준을 통과한 대안들을 희망기준으로 평가할 시에는 희망기준에 가중치를 부여하여 평가한다. 희망기준은 중요도의 관점이므로 다 같은 비중으로 측정하기보다는 10점 척도의 가중치를 부여하여 측정한다. 이때 가중치 부여의 기준은 목적에 부합되는 희망기준을 10점으로 놓고 나머지 대안들을 상대적으로 비교해 점수를 부여하면 된다.

희망기준에 따른 각 대안의 정보들은 희망기준과의 부합도를 고려하여 10점 척도로 평가하여 점수(희망기준×각 대안 정보)로 환산하면 의사결정에 객관성을 부여할 수 있다. 의사결정의 변수들을 점수화할 수 있다는 것은 추상성보다는 구체성을 추구한다는 것이고, 될 수 있는 대로 점수화가 이루어졌을 때, 망설임 없는 의사결정이 가능해진다.

다섯째, 최종적으로 리스크 요인 분석을 통해 최종 대안을 선정한다. 가장 높은 점수를 얻은 대안에 대해서 곧바로 최종대안으로 결정하기보다는 한 번 더 생각해 자세가 중요하다. 선정된 대안에 발생할 수 있는 위험 요인이 무엇인지, 위험성에 대한 해결 대안이 있는지 등을 검토해 보는 치밀한 사고가 필요하다.

예를 들어 B지역 30평 아파트를 선정하였을 시에 발생할 수 있는 위험 요인을 검토한다면, '회사하고 너무 가까워 나태해지는 마음이 생긴

〈사례연구 : 아파트 선정 의사결정〉

구분		A지역 APT	B지역 APT		C지역 APT		D지역 APT	
가격 3억 이내		4억(×)	3억(○)		3억(○)		2억(○)	
담보 9천 이내		7천(○)	5천(○)		8천(×)		4천(○)	
1차 결과(Must)		절대기준 미달	충족		충족		충족	
출근거리	8	평가제외	5Km	10	8Km	7	10Km	5
평수	10		30평	7	32평	10	25평	5
단지내 학교	9		있음	10	있음	10	없음	3
주변상권	6		3개	7	2개	7	1개	5
신규입주	5		신규입주	10	7년	7	10년	3
2차 결과(Want)			360		323		162	

다면, 혼잡지역이라서 교통이 너무 막힌다.' 등을 생각할 수 있다. 이러한 위험 요인에 대응할 수 있는 대책이 있으면 B지역 30평 아파트를 최종 대안으로 선정하고, 위험에 대한 대안이 없을 시에는 아무리 좋은 안이라도 다른 안을 검토해 봐야 한다. 탁월한 선택이라도 모순이 많으면 그만큼 마이너스 요인이 증가하는 것이다. 마이너스와 플러스 요소를 검토한 최종결정은 그만큼 실행력을 높여 줄 수 있다.

이처럼 〈시스템 사고 2〉의 논리적 의사결정 프로세스는 합리적인 의사결정이 가능하도록 가이드해 준다. 그러나 의사결정을 방해하는 여러 요인에 의해서 어려움을 겪기도 한다. 대표적인 예로는 의사결정의

〈의사결정을 어렵게 하는 요인〉

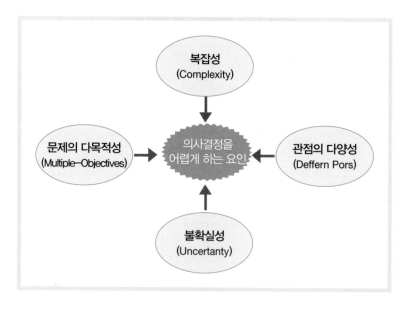

복잡성, 문제의 다 목적성, 보는 관점의 다양성, 상황의 불확실성 등이 있다.

　이와 같은 이유로 급하게 의사결정하면 모래성을 쌓은것 같은 상황이 될 수 있다. 현상을 보기보다는 본질을 바라보면서 의사결정의 기준을 명백히 밝혀야 한다. 자녀의 성적이 떨어지면 학원(과외 선생) 바꾸기, 매출 떨어지면 지점장 교체하기, 사기가 떨어지면 단합대회 등은 증상만 치료하는 의사결정으로 언제든 그 문제가 다시 발생할 수 있는 소지를 내포하고 있기 때문이다.

| Chapter 3 |

C타입 문제해결 :
고민할 때 심사숙고하자

모든 문제는 자기 안에 해결의 씨앗을 품고 있다.

─ 노먼 빈센트 필Norman Vincent Peale ─

C타입(Type)은 문제의 진짜 원인이 무엇인지를 찾아내는 문제해결 유형이다. 상황파악을 통해 문제를 정의하였더라도 어떤 문제의 경우에는 문제의 요인이 복잡하게 엮여 있어 심도 있게 원인을 분석할 필요가 있는 것도 있다. 많은 경우 다양한 원인을 나열해볼 수는 있지만, 그 원인 중에서 가장 유력한 것을 선별하기가 어려운 때도 있다.

원인분석을 제대로 하기 위해서는 전체를 바라보는 안목과 사실(Fact)중심의 정보를 수집하는 능력, 정보를 통해 유력한 원인을 추론하는 사고력, 유력한 원인 중에서 참 원인을 찾아내는 검증력이 필요하다. 한마디로 A타입, B타입 문제해결보다는 시간과 노력이 많이 소요되는 문제해결 유형이다. 그러나 시간과 노력이 많이 들더라도 원인분석만 제대로 이루어지면 축적된 지식과 경험과 노하우로 문제해결을 위한 대책수립이 수월해진다.

[문제 상황 17] 운전면허 시험은 2011년, 대폭 간소화되면서 많은 논란을 일으켰다. 시간과 비용에 대한 부담이 줄어든 반면 시험이 너무 쉬워서 대충 면허를 준다는 비난을 받아야 했다. 이를 통해 교통사고 건수도 늘었다는 경찰청의 발표도 있었다. 때문에 교통사고 예방을 위해 제도보완을 통하여 2016년 하반기부터 운전면허 시험을 강화할 계획이다.

발생된 문제가 해결되었으면 이제 그 문제로부터 자유로워야 한다. 그러나 문제가 다시 재발되어 원상태로 돌아간다면 그 순간부터 문제의 포로가 되는 것이다. 따라서 문제정의를 통해 설정된 과제가 C타입일 경우에는 문제의 인과관계를 제대로 분석하는 것에 집중하는 것이 바람직하다. 그러나 많은 경우 원인분석은 참 원인을 찾아내기 어려워서 곤란을 겪는 경우가 태반이다. 그러다 보니 경험적인 직감에 의해 원인을 도출하여 낭패를 보는 사례가 허다하다.

그런 점에서 우리나라의 운전면허 제도 개선은 처음부터 근본적인 문제의 원인을 파악하지 않고 규제철폐란 명목으로 동전의 앞뒤면 같은 문제해결을 한 대표적인 사례이다. 운전면허 시험이 어렵고 까다롭다 ⋯ 운전면허 시험을 간소화하자 ⋯ 간소화하니 교통사고가 높아졌다 ⋯ 운전면허 취득절차를 예전처럼 원상복귀하자. 이와 같은 논리로 한다면 다람쥐 쳇바퀴 굴러가듯이 계속 제도를 손보아야 한다. 교통사고 증가율이 간소화한 운전면허가 참 원인인지 전 방위적으로 심도 있게 파악하는 절차가 필요하다. 참 원인이 무엇인가에 따라서 대책이 달라지기 때문이다. 참 원인이 운전미숙인지, 제도와 시스템에 의한 것인지, 더욱 복잡해진 도로환경 때문인지 등 좀 더 심도 있는 분석이 필요하다.

〈C타입 문제해결의 프로세스〉

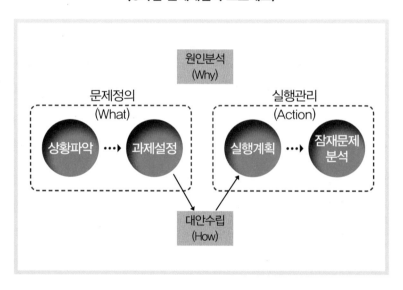

문제의 원인을 심도 있게 분석하는 데에는 다양한 분석스킬이 있다. 가장 일반적인 방법은 논리적인 가설을 세우고 검증을 통해 참 원인에 접근하는 방법이다. 이와 같은 가설검증에서 데이터(Data)를 통한 통계적 접근 방법은 정확성에서 신뢰도가 높으나, 사람·시간·돈이 많이 소요되는 단점이 있다. 또한, 환경의 변화가 급변하는 디지털의 시대에는 인과관계를 데이터에 의해 일일이 분석하는 방법은 비효율적일 수도 있고, 때로는 정확도가 오히려 떨어질 수 있다.

기상청의 장마철 예보 정확도는 2012년 52.3%, 2013년 40.1%, 2014년 27.9%, 2015년 49.0%로 나타났고, 적중도를 높이기 위해 500억이 넘는 슈퍼컴퓨터를 도입했다. 그러나 적중률은 크게 향상되지 않았다.[24] 이유는 무엇일까? 기상청 예보관들의 능력문제와 전문성을 키울 수 없는 순환보직의 기상청 인사 문제 등을 들고 있지만, 갈수록 커지고 있는 불규칙한 기상 변동성도 중요한 요인으로 고려해야 한다. 논리적인 측면에서 인과관계가 제대로 성립된다면 우리의 지식, 경험, 노하우 측면에서 참 원인을 도출하는 것도 시간과 노력을 최소화할 수 있는 효율적인 방법이다. 논리적인 인과관계를 따지는 방법은 크게 세 가지로 정리하여 살펴볼 수 있다.

- (1) 로직 트리(Logic Tree)를 통한 분석
- (2) 현실과 기대사항과의 차이(Gap)를 통한 분석
- (3) 프로세스의 병목점(Bottleneck) 분석

첫째, 로직 트리에 의한 분석은 원인 분석을 도무지 어디서부터 출발하여야 할 지 막막할 때 활용하는 기법이다. 이럴 때는 혼자만의 생각보

다는 여러 사람의 생각이 효율적일 수 있다. 될 수 있으면 많은 원인을 모으고 그 중에서 평가를 통해 핵심 원인을 선정하여 검증하는 방법이다. 그러나 이 방법은 짧은 시간에 다양한 원인을 도출할 수 있지만, 자칫 직감에 의존하여 참 원인 도출에 실패할 우려도 있다.

이와 같은 우려를 최소화하기 방법은 마인드맵으로 사고의 폭과 길이를 키우는 것이다. MECE의 법칙에 의거하여 누락과 중복이 없는 관점의 포인트를 찾아내어 전체적인 관점에서 왜(Why)? 왜(Why)? 왜(Why)? 의 가지를 쳐나가는 것이다. 이때에 철저하게 브레인스토밍 방식을 활용해야 한다.

〈로직트리에 의한 원인분석(Cause & Effect Diagram)〉

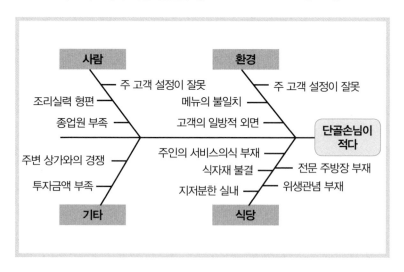

일단은 자원을 풍부하게 하여 놓고 이중에서 가장 유력한 원인을 선정하는 것이다. 예를 들어, 평가를 통하여 고객과의 메뉴 불일치, 형편없는 음식, 불결한 실내, 주인의 의욕 부진 등을 유력한 원인으로 선정하고, 이것 중심으로 검증을 통하여 참원인을 선정한다. 이와 같은 가설검증의 방법은 시간, 돈, 인력에 대한 손실을 최소화 할 수 있다. 살인사건이 나면 진범을 잡기 위한 수사도 맥락적인 방법에서 로직 트리와 비슷하게 생각한다. 먼저 주변 불량배들, 원한 관계에 있는 사람들, 유사범죄자들 중심으로 용의 선상에 많은 용의자들을 올려놓고 알리바이 검증을 한다. 이를 통해 유력한 용의자를 몇 명으로 압축하고, 그들 중심으로 진범이 누구인지 밝히는 수사를 하면 전체를 대상으로 하는 것보다 시간과 돈과 사람이 적게들 수 있을 것이다. 이런 점에서 로직 트리에 의한 방법은 사실에 기초하면서 정보를 빠뜨리거나 착각, 짐작 등에 의한 함정에 빠지지 않게 하고, 사고의 낭비를 제거하여 결론에 도달하는데 필요 없는 노력을 줄여 준다.

두 번째, 차이(Gap)분석은 문제의 발생시점이 분명하고 발생상태와 기대하는 비교수준과의 차이가 명백히 구분되는 문제의 원인분석에 사용되는 기법이다. 문제는 기대하는 성과(비교상태)대비 발생된 현상이 마음에 들지 않았을 때 느끼게 되기 때문에, 이럴 때에는 두 사실과의 차이를 분석하면 문제의 참 원인을 보다 정확히 예측할 수 있다.

이와 같은 차이분석에 의한 원인 예측은 일상적인 생활에서도 살펴볼 수 있다. '어린 시절 집에 전깃불이 나갔으면 어떻게 하였나요?'라고

〈현실과 기대사항과의 차이(Gap)를 통한 분석〉

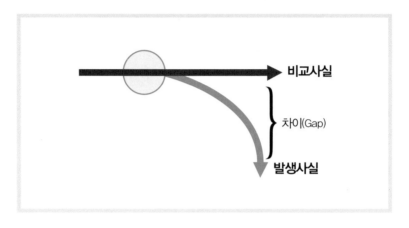

많은 사람들에게 질문하면, 대부분은 '촛불을 켰다. 두꺼비 집을 열었다. 잤다.' 등의 대답을 한다. 그러나 과거의 경험을 더듬어 보면 먼저 마당에 나가 옆집을 보거나 창문을 열었던 기억이 날 것이다. 옆집도 불이 나갔으면 정전이고, 우리 집만 불이 나갔으면 과부하로 두꺼비집 퓨즈가 나간 것이다. 이처럼 우리 몸에는 유전적으로 전수되고 있는 문제해결 행동양식이 자리 잡고 있다. 그러므로 문제해결을 일상의 한 단면으로 바라보면 흥미롭고 재미도 배가될 수 있다.

[문제 상황 18] 오늘 아침에 주방 바닥에서 물이 스며들어 바닥이 검게 색이 변색되고 있는 것을 발견했다. 아내에게 물어보니 2일 전부터 조금씩 이런 현상이 있었다고 한다. 아내는 어제 정수기 필터교환이 있었다고 한다. 당시 점검하시는 분

이 싱크대에 연결된 선을 전부 교체하였는데 연결이 잘못된 것 같다고 하면서, 이 참에 실력이 있는 담당자로 교체해 달라고 요청하겠다고 한다. 기존 담당자는 매달 15일 오후 2시에 있는 필터 교환 약속도 자주 어기고, 이번에도 이틀 후인 가장 바쁜 날에 찾아왔다고 했다.

모든 것에는 프로세스가 있듯이, 차이분석을 통하여 유력한 원인을 도출할 시에도 논리적인 프로세스가 있다. 성급하게 결론을 내기보다는 현상부터 파악해 나가는 프로세스가 논리적으로 전개될 때, 문제해결도 수월하게 할 수 있다.

- 프로세스 1. 정보를 통해 다양한 원인을 상정한다.
- 프로세스 2. 4W 관점에서 발생사실과 비교사실을 파악한다.
- 프로세스 3. 상정원인을 4W 관점에서 평가하여 유력원인을 선정한다.
- 프로세스 4. 유력원인 검증을 통해 참 원인을 밝혀낸다.

프로세스 1. 정보를 통해 다양한 원인을 상정한다. 〈문제 상황 18〉은 우리 주변에서 흔히 발생하고 있는 사례이다. 접근을 잘 못하면 감정적으로 대응하여 문제의 본질이 '정수기 점검자'로 왜곡되어 흐려질 수 있다. 따라서 원인 상정에 앞서 문제부터 있는 그대로 정의해야 한다. 문제를 대상과 현상(결함) 중심으로 기술하면, '주방 바닥에 물이 스며들고 있다.'로 정의할 수 있다. 이처럼 문제를 있는 그대로 바라보면 좀 더 객관적인 관점에서 문제와 원인을 살펴볼 수 있는 혜안이 생기게 된다.

문제가 정의되면 우리의 지식과 경험과 노하우를 통해 다양한 원인을 상정하여 볼 수 있다. '싱크대 밑에 있는 수도 밸브와 정수기 밸브와 연결이 제대로 안 되었다. 집 노후화로 인한 자연적인 누수 현상이다. 주방바닥 보일러 배관에 문제가 있다.' 등 다양한 원인을 예측할 수 있다. 될 수 있으면 많으면 많을수록 좋다. 그러기 위해서는 브레인스토밍 방법을 적극적으로 활용하는 것이 좋다. 실제로 현업의 문제를 가지고 원인을 도출하면 자신의 분야에서는 지식, 경험, 노하우가 많아서 다양하게 많은 원인을 도출할 수 있다.

프로세스2 4W의 관점에서 발생 사실과 비교 사실을 파악한다. 다양한 원인을 상정하였으면 상정원인을 평가할 정보를 파악해야 한다. 전체적으로는 대상(Who), 현상(What), 시점(When), 장소(Where) 등의 4W의

〈사례연구 : 4W 관점에서 발생사실과 비교사실의 파악〉

구분	발생사실	비교사실
대상	주방 마룻바닥	거실 마룻마닥
결함(현상)	물이 스며들고 있다	현상(결함)
시점	2일 전부터	그 이전
장소	주방	다른 장소

관점에서 문제가 된 발생사실과 문제가 발생되지 않은 비교사실로 구분하여 파악하면 된다. 이때 중요한 점은 발생사실에 대한 정보를 먼저 파악하고, 비교사실에 대한 정보를 파악해야 한다.

프로세스 3. 상정원인을 4W관점에서 하나씩 순서대로 평가하여 유력 원인을 선정한다. 지식과 경험과 노하우가 탁월한 전문가 집단일수록 전문성이 높은 만큼 직감에 의한 의사결정이 이루어질 확률이 높다. 이것을 방지하는 방법은 프로세스의 원칙에 충실하게 따라하는 것이다. 먼저 다양하게 원인을 상정하고, 4W의 관점에서 원인을 순서대로 평가하여 유력원인을 선정한다. 여기서 주의할 점은 평가 시에 객관성을 유지하는 것이다. 즉 '이럴 것이다'는 생각을 배제한다.

상정원인의 평가를 통하여 가장 유력한 원인은 '주방바닥의 보일러 배관 연결에 문제가 생겼다'로 선정되었다. 이와 같이 상정된 다수의 원인을 대상으로 4W의 관점에서 평가를 통하여 소수의 유력원인으로 압축한다면, 전체를 검증하는 것보다 시간, 경비, 노력이 덜 들 수 있다. 여기까지는 가설을 통하여 유력한 원인을 선정한 것이다. 유력한 원인이 참 원인이 되기 위해서는 검증의 과정을 거쳐야 한다.

프로세스 4. 유력원인 검증을 통해 참 원인을 밝혀낸다. 유력원인이 참 원인이 되기 위해서는 검증을 통해 인과관계를 논리적으로 밝혀야 한다. 검증의 방법에는 논리적 검증, 관찰적 검증, 결과적 검증의 세 가지

〈사례연구 : 상정원인 평가를 통한 유력원인 선정〉

(원인1) 싱크대 밑에 있는 수도 밸브와 정수기 밸브와 연결이 제대로 안되었다.

구분	발생사실	비교사실	검토
대상	정수기 밸브 연결이 잘못되어, 주방 바닥에서 문제가 생겼고 거실 바닥에는 문제가 생기지 않았다.		
	○	○	충분조건
결함(현상)	정수기 밸브 연결이 잘못되어, 주방 바닥에서 물이 스며들고 이것 외에 다른 결함(현상)은 발생되지 않았다.		
	○	○	충분조건
시점	정수기 밸브 연결이 잘못되어, 2일 전부터 문제가 생겼고 그 이전에는 문제가 생기지 않았다.		
	×	×	충분조건 미흡

▶ 정수기 밸브연결은 어제 이루어졌다.

(원인2) 집 노후화에 의한 자연적인 누수현상이다.

구분	발생사실	비교사실	검토
누구 (Who)	집 노후화로 주방바닥에서 문제가 생겼고 거실 바닥에는 문제가 생기지 않았다.		
	○	×	충분조건 미흡 (제외)

▶ 집 노후화라면 전반적으로 주방, 거실, 안방까지도 물이 스며들었을 것이다.

(원인3) 주방바닥의 보일러 배관 연결에 문제가 생겼다.

구분	발생사실	비교사실	검토
누구 (Who)	주방바닥의 배관이 잘못되어 주방 바닥에 문제가 생겼고 거실 바닥에는 문제가 발생되지 않았다.		
	○	×	충분조건 미흡 (제외)
무엇 (What)	주방바닥의 배관이 잘못되어 주방 바닥에서 물이 스며들었고 이거 외에 다른 결함(현상)은 발생되지 않았다.		
	○	○	충분조건
언제 (When)	주방바닥의 배관이 잘못되어 2일전부터 물이 새는 문제가 생겼고 그 이전에는 발생되지 않았다.		
	○	△	재검토
어디 (Where)	주방바닥의 배관이 잘못되어 주방 바닥에서 문제가 발견되었고 다른 장소에서는 발견되지 않았다.		
	○	△	재검토

가 있다. 논리적 검증은 자료 확인 및 담당자 문의 등 머리로 하는 검증이다. 보일러 배관의 문제가 유력원인으로 지목되었으면 배관 불량의 발생빈도를 확인한다든지, 발생 시에 어떤 문제가 생기는지를 관리실에 문의하여 확인해 보는 것이다. 관리실에 문의해 본 결과, 아파트가 10년 정도 되다 보니 보일러 배관에 문제가 자주 발생하고 있고, 문제의 현상도 보일러 배관이 잘못되었을 시에 나오는 문제와 유사하였

다. 따라서 보일러 배관의 연결 불량이 원인이라는 논리적 검증은 통과되었다.

관찰적 검증은 현장에 가서 현물을 보고 현상을 살피는 몸으로 하는 검증이다. 논리적 검증을 통해 보일러 배관의 연결 불량이 문제라는 확신이 서면, 싱크대 밑의 보일러 배관 칸막이를 열어보고 직접 확인해 보는 검증이다. 확인을 통해 보일러 배관 이음새에서 물이 새고 있는 것을 직접 발견했다면, 보일러 배관연결 불량이 참 원인으로 한발 다가서는 것이다.

결과적 검증은 유력원인의 요인을 제거하여 참 원인을 확정하는 자원으로 하는 검증이다. 보일러 배관의 연결 불량으로 물이 새어 나오는 것을 확인하였으면 배관을 새것으로 교체한다든지, 배관에서 물의 누수 현상이 있는 곳을 밝혀내어 조치한다. 이를 통하여 주방 바닥에서 물이 스며드는 현상이 없어졌다면 유력원인을 참 원인으로 확정하는 것이다.

검증 시에 주의할 점은 순차적으로 논리적 검증, 관찰적 검증, 결과적 검증의 순서대로 하는 것이 중요하다. 논리적 검증에 가까울수록 시간, 돈, 사람의 투입은 적게 들지만 효과는 실증적으로 드러나지 않기 때문에 적은 것이 사실이다.

반대로 결과적 검증에 가까울수록 시간, 돈, 사람의 투입은 많아지고, 참 원인 일수록 효과는 실증적으로 모여지므로 높음을 알 수 있다. 그렇다고 해서, 무턱대고 결과적 검증부터 해버리면 유력원인이 참 원인이 아닐 시에는 큰 낭패를 볼 수 있다. 시간적인 측면에서 경비적인 측면에서 인적자원의 측면에서 손실이 크면 문제해결의 효과가 상당 부분 감소할 것이다.

〈유력원인 검증의 3단계〉

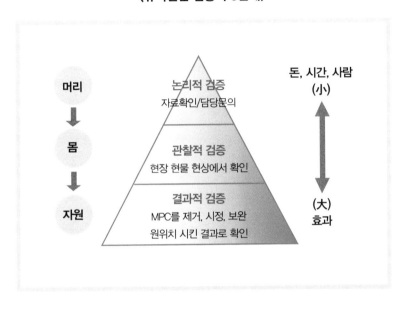

셋째, 프로세스 병목점(Bottleneck) 분석은 평상시에 진행한 프로세스를 분석하여 원인을 도출하는 기법이다. 모든 것에는 프로세스가 있다. 프로세스가 존재하기 때문에 실행이 있는 것이고 실행의 과정을 통해 성공여부가 결정된다. 따라서 실행의 결과에 문제가 생겼다면 프로세스를 분석해보면 문제의 참 원인을 파악할 수 있다.

이와 같은 프로세스 분석은 세 가지의 패턴이 있는데, 베이직 플로차트(Basic Flowchart), 엑티비티 플로차트(Activity Flowchart), 디플로이멘트 플로차트(Deployment Flowchart)가 있다.

첫 번째로 베이직 플로차트(Basic Flowchart)에 대해 설명을 한다면, 프로세스의 시작과 끝을 일렬로 연결하여 병목점을 확인하는 가장 기본적인 형태이다. 가장 간단한 방법이지만, 지각을 자주하는 사원의 지각 원인은 기상해서 출근할 때까지의 동선을 파악하면 쉽게 파악이 가능하다.

프로세스를 통해 단계별 행동상황을 파악해 보니, 본인은 느끼지 못하지만 ① 기상 자체를 늦게 하고, ② 세면할 때 습관적으로 볼일을 보는 데 신문을 정독하여 시간이 오래 걸리거나 ③ 지하철역으로 이동할 때 운동 삼아 걷다보니 시간이 지체되는 원인을 발견할 수 있다. 프로세스는 습관적인 부분이 많아 익숙하다 보면 본인은 느끼지 못하는 경우가 자주 있다. 그러나 분석하다 보면 병목점을 발견할 수 있고, 병목점에 대한 대책은 문제해결의 열쇠가 될 수 있다.

실제로 우리들이 무언가를 잃어버렸고 어디에 있는지 찾을 수가 없다면, 누가 시키지도 않았는데 시작에서 완료까지의 프로세스를 머릿속으로 곰곰이 따져보고 해답을 찾는 경우가 많다. 이와 같이 문제해결의 패턴과 방식은 누가 새롭게 만들어 놓은 것이 아니고, 다 알고 있는 것, 다 알고 있어서 무심결에 활용하고 있는 것을 정리해 놓은 것이라고 할 수 있다.

〈베이직 플로차트〉

늦게 기상(7시)

볼 일 보는 시간 길다(20분)

걷는 거리 예매(15분)

일어나기

자명종 끄기

욕탕 가기

세면하기

옷 갈아 입기

아침식사

지하철 타기

사무실 도착

두 번째는 프로세스의 의사결정 위치를 보여 줌으로써 병목점을 찾는 엑티비티 플로차트(Activity Flowchart)이다.

세 번째는 복잡하지만 사람들 혹은 기능 간에 프로세스 내에서 주고받는 영역을 조명하여 병목점을 찾는 디폴리멘트 플로차트(Deployment

〈엑티비티 플로 차트(Activiy Folwchart)〉

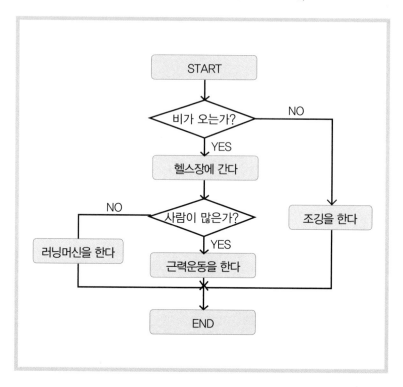

Flowchart)가 있다. 실제로 문제의 원인을 프로세스의 병목점을 찾는다면 디폴리멘트 플로차트 방법을 많이 활용한다. 문제의 원인은 사람, 부분, 기능 등 여러 가지 관점에서 복잡하게 얽혀져 있기 때문이다. 따라서 전체적인 관점에서 문제의 원인을 파악하는데 많이 활용된다.

160

〈디폴리멘트 플로 차트(Deployment Flowchart)〉

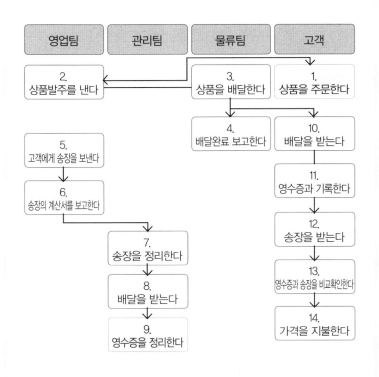

영업팀	관리팀	물류팀	고객

2.
상품발주를 낸다

3.
상품을 배달한다

1.
상품을 주문한다

4.
배달완료 보고한다

10.
배달을 받는다

5.
고객에게 송장을 보낸다

6.
송장의 계산서를 보고한다

7.
송장을 정리한다

8.
배달을 받는다

9.
영수증을 정리한다

11.
영수증과 기록한다

12.
송장을 받는다

13.
영수증과 송장을 비교확인한다

14.
가격을 지불한다

Chapter 4

D타입 문제해결 :
변화와 혁신을 추구하자

꿈이 그만한 가치가 있다고 믿는다면
꿈만 좇는 바보처럼 보여도 좋을 것이다.
— 라이트 형제Wright Brothers —

D타입(Type)은 제로베이스 관점에서 체계적으로 문제해결을 해야 하는 유형이다. 단기적인 측면보다는 장기적인 측면에서 대대적인 변화와 혁신이 필요한 경우이며, 과거나 현재의 시점보다는 미래의 시점에서 대비하고 준비하여야 할 문제해결 유형이다. 이같은 경우는 문제의 본질도 미래의 방향성에 맞추어 재탐색해야 하며 원인분석과 대안구상도 차별화에 초점을 맞추어 창조적으로 해야 한다.

실행에 있어서는 가지 않았던 미로를 개척하는 관점에서 철저한 리스크 분석을 통해 세심하게 관리해야 한다. 한마디로 문제정의 ⋯▶ 원인분석 ⋯▶ 대안수립 ⋯▶ 실행관리의 4단계를 다 검토하는 유형으로 문제해결에 시간과 인력과 경비가 많이 들게 된다.

[문제 상황 19] 부산과 울산에서 원인 모를 가스 냄새로 대지진 징후 등 괴담이 퍼지자 정부가 직접 나섰다. 첫 신고 뒤 닷새가 지나도록 원인이 규명되지 않은 가운데 정부는 합동점검단을 꾸리기로 했다. 국민안전처 재난관리실장은 국민이 정부를 신뢰하고 심리적으로 불안하지 않도록 하는 것이 국가의 역할이라고 강조하며, 이번 가스냄새는 지진과는 관계없으며 정확한 원인 파악을 위해 합동점검단을 꾸리겠다고 발표했다.

부산시 재난대응 담당과장은 시간이 흘러가면서 동에서 서로 쭉쭉 시간대가 흘러가기 때문에 부취제로 추정되고, 울산은 가스 냄새가 공단에서 발생한 것으로 보고

〈D타입 문제해결의 프로세스〉

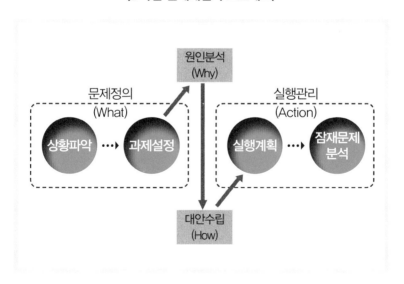

합동점검단 조사를 지켜보겠다고 말했다. 첫 신고 뒤 닷새 만에 정부 주관 회의가 열렸다. 이미 현장에서 채집할 수 있는 기체 시료도 사라진 뒤라 초기 대응이 제대로 이뤄지지 않았다는 지적을 피하기는 어려워 보인다.[25]

이 사건은 빠른 속도로 유포되고 있는 부산의 지진 전조 증상이라는 괴담을 무마하기 위하여 성급하게 대응한 임기응변식 문제해결의 전형이다. 그러다 보니 앞뒤 상황의 연결고리가 맥락적인 측면에서 깔끔하지 못하다. 원인 규명이 안된 상황에서 지진전조 증상은 아니라고 확신하고 정확한 원인 규명을 위한 합동점검단을 꾸리겠다고 했다. 그리고 1주일 후에 부산 일대에 퍼졌던 가스 냄새의 원인은 부취제로, 울산 가스냄새의 원인은 공단 악취인 것으로 잠정 결론을 내렸다. 그러나 냄새의 원인 물질은 결국 밝혀내지 못하였으며 합동점검단이 내린 결론도 추론에 의한 것이었다.

이 문제의 유형은 일단 문제의 원인을 알 수 없으니, C타입이나 D타입의 문제해결 유형이라고 말할 수 있다. 시간이 걸리더라도 심도 있는 상황분석과 명확한 원인도출로 국민의 불안감을 말끔히 해소시켜주고, 다시금 그런 문제가 반복되지 않도록 본질적인 대책을 수립해야 한다. 그와 같은 책임 있는 자세에 국민은 정부를 신뢰하고 심리적으로 안정을 찾을 수 있기 때문이다.

그러나 문제해결의 목적이 다른 곳에 있어 (괴담소문 저지) 원인을 미리 부취제와 공단 악취에 설정하고 서둘러 문제를 봉합하였다는 생각이 든다. 전형적으로 C타입, D타입의 문제해결 유형을 A타입의 문제해결 유형으로 처리한 것이다. 다시 말해서 심도 있게 고민할 때에 빨리빨리 밀어붙이고, 속도감 있게 해결할 때 쓸데없는 탁상공론으로 시기를 놓쳐버리는 비효율적인 문제해결을 하고 있는 것이다.

제로미 바돈(Jerome Vadon)이라는 사람이 세계 21개국의 문제해결 방법을 페이스 북에 그림으로 재미있게 올려놓았다. 몇 나라의 문제해결 방법을 소개하면 다음과 같다. 제일 합리적인 방식으로 독일은 문제가 발생되면 곧바로 해결한다고 하였고, 중국은 문제가 발생되면 언론 통제를 통해서 문제 자체를 없애 버린다고 하였다. 북한은 문제와 문제해결 모두를 김정은에 귀결시켜버리면서, 김정은의 말이 곧 문제해결의 해법이라고 공포한다고 하였다.

여기에 많은 누리꾼이 여러 나라의 문제해결 방식을 계속 추가하고 있는데, 대한민국은 문제가 발생하면 곧바로 문제를 해결하는데, 그로 인해 다른 문제들이 추가로 발생한다고 묘사하여 놓았다. 이 말은 본질을 보지 않고 임기응변식으로 문제를 해결하다 보니, 그로 인해서 더욱 많은 문제를 양산하고 있다고 비꼬는 것이다. 이렇듯 외부에서는 우리가 문제해결을 할 때에 '빨리빨리' 병에 걸려 본질을 보지 않고 성급하게 문제를 해결한다고 생각하는 것이다. 따라서 이제부터는 속도를 낼 때는 내고, 고민할 때는 본질을 바라보면서 심도 있게 고민하는 자세를 가져야 한다.

예를 들어 규제와 무사안일의 대못을 뽑을 때에는(차량주행을 방해하는 전봇대를 뽑을 때는) 주저함이 없이 빨리빨리 뽑아내야 한다. 그렇다고 운전면허 취득할 때에 불편하고 시일이 오래 걸린다는 불평불만의 한 면만 보고, 운전면허 취득의 기준을 낮추어 버리면 그로 인해서 또 다른 문제가 양산되는 것이다. 그 당시에도 많은 사람들이 단편적인 부분을 전체로 보고 인기위주의 문제해결을 하는 데에 우려를 표명했었다.

그러므로 4유형의 문제해결은 문제정의(What) ···▶ 원인분석(Why) ···▶ 대안수립(How) ···▶ 실행관리(Action)의 프로세스를 심도 있게 전개해 나가야 한다. 문제정의를 통하여 과제가 세팅되면, 그 과제가 지금 어떠한 상황에 처했는지에 대해 상황파악을 다시 전체적/입체적으로 해야 한다(What). 그리고 과제의 세분화를 통하여 원인분석이 필요한 과제는 심도 있게 원인분석을 해야 하며(Why), 핵심원인에 대해서는 아이디어의 발산과 수렴을 통하여 창의적인 대안을 수립해야 한다(How).

실행에 앞서 체계적인 실행로드맵(Road-Map)을 만들어야 하며, 실행에서 발생될 수 있는 리스크 요인을 분석하고 대응방안을 마련하여 꼼꼼하고 철저하게 실행해야 한다(Action). 이를 통해서 문제를 발생되어 해결한 후에는 그 문제로부터 완전하게 벗어나야 한다. 다시 그 문제가 발생하여 문제해결에 뛰어 든다면 이제부터는 그 굴레 속에 빠져서 영원히 나올 수 없게 된다.

Chapter 5

문제해결은
영속성이 있어야 한다

중요한 질문은 '당신이 얼마나 바쁜가?'가 아니다.

'당신이 무엇에 바쁜가?'가 핵심 질문이다.

당신은 모든 것을 헐 수 있습니다. 다만, 한 번에 모두를 해낼 수는 없다.

– 오프라 윈프리 Oprah Winfrey –

문제의 굴레 속에 빠지지 않기 위해서는 문제해결의 영속성이 있어야 한다. 즉, 문제를 해결하면 그 문제는 다시금 발생하지 않아야 하며, 문제해결의 성과가 지속적으로 보장되어야 한다. 그런 측면에서 문제해결은 본질을 바라보면서 문제의 유형에 맞추어 효율적으로 효과적으로 해야 한다.

- 문제해결 A타입(신속형) : 문제정의 ┈▶ 실행관리
- 문제해결 B타입(창의형) : 문제정의 ┈▶ 대안수립 ┈▶ 실행관리

■ 문제해결 C타입(고민형) : 문제정의 ⋯▶ 원인분석 ⋯▶ 실행관리

■ 문제해결 D타입(혁신형) : 문제정의 ⋯▶ 원인분석 ⋯▶ 대안수립 ⋯▶ 실행관리

〈사례연구 : 문제해결 종합정리시트〉

이슈문제	▶	대과제	지표	현수준	기대수준	입장
식당매출이 1일 1만 원으로 장사가 안 된다		식당의 매출을 증대시키자	매출액	1만 원	80만 원	창조 컨설팅

세부문제		평가			과제화	유형	지표	목표	
		중요	긴급	선정				현수준	기대수준
고객	손님이 1일 1명이다	大	小	×	단골손님 증대 방안을 마련하자	C형	고객 수	1명	100명
	주변 여학교 많다	大	大	○					
	시장중심가에 위치	大	中	×					
음식	음식 맛이 없다	大	大	○	식당을 전면적으로 변신시키자	B형	보수 기한	10일	5일
	조리실력이 없다	大	中	×					
	위생관리가 불결하다	大	大	○					
고객	방문객 1일 1명이다	中	大	×	음식 맛의 차별화 방안을 강구하자	B형	맛만족도	-	4.5↑
	외면한다	大	中	×					
	음식맛 없다고 불평	大	大	○					
주인	의지력 상실했다	大	大	○	주인에게 투철한 직업관을 심어주자	A형	재방문률	-	70%
	서비스 의식이 없다	大	大	○					
	과도한 부채가 있다	小	小	×					

그러나 문제해결 교육에 참가한 교육생들에게 조직에서 D타입 문

제해결의 비중이 얼마나 되는지 질문하면, 공기업이나 사기업은 평균 40~50% 정도라고 말하고, 공공기관은 10~20% 내외를 말한다. 그러나 A타입, B타입, C타입, D타입의 문제해결 유형을 설명해주고 다시 질문하면 평균적으로 10~20% 정도라고 답변한다.

건강한 조직일수록 A타입, B타입의 문제해결 유형은 많고, C타입, D타입의 문제해결 유형은 적은 것이 당연하다. 그 이유는 무수히 많은 성공신화를 이루면서 조직이 성장했고, 그 속에서 지식과 경험과 노하우가 상당량 축적되었으니, 상황파악을 통하여 과제가 정의되면 진행 로드맵(Road-Map)이 자연스럽게 설정되기 때문이다.

그런데 C타입, D타입 문제해결 유형의 비중이 엄정히 높다고 느끼는 이유는 무엇일까? 현장에서 문제해결을 할 때에 A타입, B타입 문제해결 유형을 C타입, D타입 문제해결 유형으로 하기 때문이다. 그것은 한국조직의 문화적인 측면도 있고, 의사결정권자들의 요구에 기인한 바도 크다고 할 수 있다.

C타입, D타입 문제해결 유형의 비중이 높아지면 모든 것을 심사숙고하면서 문제를 키우는 현상이 발생할 수도 있다. 그러다보면 쓸데없는 일이 많아지면서 탁상공론으로 흐리게 되게 페이퍼워크가 많아지게 된다. 당연히 문제해결의 활동이 업무가중과 스트레스의 주요 원인이 되면서 피하게 되고, 정작 중요한 문제를 숨기게 되는 현상이 발생한다. 중요한 문제는 누적이 되면서 많아지고 시간이 흐르면서 중요한 문제가 위기의 문제로 대두되는 것이다. 결국에는 문제해결의 시기를 놓

치게 되어 긴급성의 관점에서 빨리빨리를 외치면서 임기응변, 전시행정의 형태로 문제를 처리하게 된다. 결국 호미로 막을 수 있는 것을 가래로도 막지 못하는 상황이 오게 된다. 따라서 문제해결의 접근 방식을 바꾸어 선택과 집중을 해야 한다. 신속하게 처리할 것은 빨리 정리하고, 중요한 것에 집중하면서 문제를 선도 관리할 필요가 있다.

성적이 좋은 사람과 나쁜 사람의 차이점을 살펴보자. 공부를 못하는 사람은 평상시에는 전혀 안 한다. 그러다 시험이 임박하여 허둥지둥 벼락치기로 한다. 당연히 핵심중심의 요점정리 방식으로 공부하게 되고 많은 부분을 포기해 버리면서 시험을 망치는 확률도 높아진다. 공부를 잘하는 사람은 평상시에 미리미리 복습과 예습을 반복하면서 항상 준비하고 있으니, 시험에 앞서 허둥대지 않는다. 정작 시험이 임박해서는 중요한 것에 근거하여 어떤 문제가 나올지를 예견하고 그 곳에 집중한다. 이것이 평범함과 탁월함의 차이다.

문제해결 활동에서도 탁월함과 평범함의 차이가 있다. 그 기준은 문제가 발생하고 나서 문제해결을 하기 보다는 미리 문제를 선도관리 하느냐에 달려 있다. 그러기 위해서는 모든 문제에 똑같은 기준을 적용할 수가 없다. 선택과 집중의 노하우가 통하여 기본적으로 처리할 것은 신속히 처리하면서, 핵심에 시간과 노력과 자원을 집중하는 전략을 전개해야 한다.

이처럼 선도적으로 문제해결을 하면, 우리는 그 문제로부터 자유로울 수 있다. 가장 완벽하게 문제해결을 한다면 그후에 그 문제가 다시는 발생되지 않아야 한다. 즉, 문제해결의 효과에서 영속성이 있어야 한다.

[문제 상황 20] 방치된 폐채석장을 활용해 친환경 복합문화 예술 공간으로 탈바꿈한 포천 시 아트밸리는 중학교 과학 교과서에도 실릴 만큼 도시재생사업의 우수한 사례로 꼽힌다. 1960년대부터 포천에서 생산된 포천석은 재질이 단단해 청와대, 국회의사당, 대법원, 경찰청, 인천공항 등 국내 주요 건축물에 모두 사용됐다. 그러나 채석이 끝난 아름다운 포천의 산은 잘려나가 폐허 속에 잊혀 졌고 환경 파괴와 폐석장의 흉물스런 경관만 남았었다. 그러나 폐허로 남았던 곳에 1급수 호수인 천주호와 기암절벽과 함께 돌 문화 전시관, 야외공연장 등이 조성돼 관광객의 큰 호응을 받고 있는 〈포천 아트밸리〉로 거듭났다. 아트밸리의 관람객 수는 2009년 입장객

〈포천 아트벨리 : 천주호의 모습〉

11만1천 명에서 매년 기하급수적으로 증가하여 누적방문자 150만 명을 넘어섰다[29].

〈포천 아트밸리〉는 2년간의 기간을 들여 체계적으로 주변 조경공사와 아울러 자연적으로 물을 담수하였고, 입장료를 받는 포천의 명소로 만들었다. 문제를 근본적으로 해결하면 그 문제로부터 자유로우면서 또 다른 창조적인 문제해결에 매진할 수 있게 된다. 이처럼 문제해결은 문제의 본질을 바라보면서 해결해야 하고, 문제해결을 통해서는 궁극적으로 문제로부터 해방되어야 한다.

그러나 비슷한 사례이지만, 2007년 중국 윈난성 쿤밍시 푸민현의 사례는 정반대의 문제해결 효과를 나타내고 있다. 채석장의 채굴이 끝나

〈중국 윈난성 군임시 푸민현의 해괴한 녹화사업〉

고 원상태 복원을 위하여 산이 푸르게 보이도록 녹색 페인트를 칠했다. 어처구니없는 문제해결을 한 것이다. 인부 7명이 45일 동안 작업한 이 해괴한 '녹화사업'에는 47만 위안(약 5,640만 원)어치의 페인트가 들어갔고, 주민들은 '이런 돈이면 5~6개의 산에 묘목을 심을 수 있다.'며 이런 엉뚱한 일에 예산을 낭비할 수 있느냐고 비난했다.[30]

이와 같이 같은 문제해결이라도 문제를 보는 관점에 따라서 해결방향이 달라진다. 전자는 이용자 중심이고 후자는 관리 감독하는 시행처의 중심이다. 즉, 전자는 절대 다수의 대중을 만족시켜야 하지만, 후자는 소수의 의견만 만족시키면 된다. 당연히 소수의 편협적인 생각에 의해서 대충대충 문제해결이 이루어진 것이다.

문제해결은 본질을 어떻게 보는가에 따라서 또는 문제해결의 유형을 어떻게 선정하는가에 따라서 해결방향이 달라진다. 문제해결의 영속성을 보장받기 위해서는 선택과 집중이 필요하다. 모든 것을 다 하려는 순간, 모든 것을 놓칠 수 있다. 치고 나갈 때는 신속하게, 고민할 때는 심도 있게, 그리고 논리성과 창의성의 조화를 통해 차별성을 추구해야 한다. 이것이 창의적으로 문제를 해결하는 법이다.

따라서 문제정의가 끝나면 무엇보다도 중요한 것이 추진하여야 할 과제의 타입을 결정하는 것이다. A형인지, B형인지, C형인지, D형인지, 치고 나갈 것인지, 심사숙고하면서 고민할 것인지를 결정해야 한다. 구성원들과 역할분담을 통하여 함께 문제를 해결하면 문제의 본질이 창의적으로 해결되고, 그 문제로부터 해방될 수 있다.

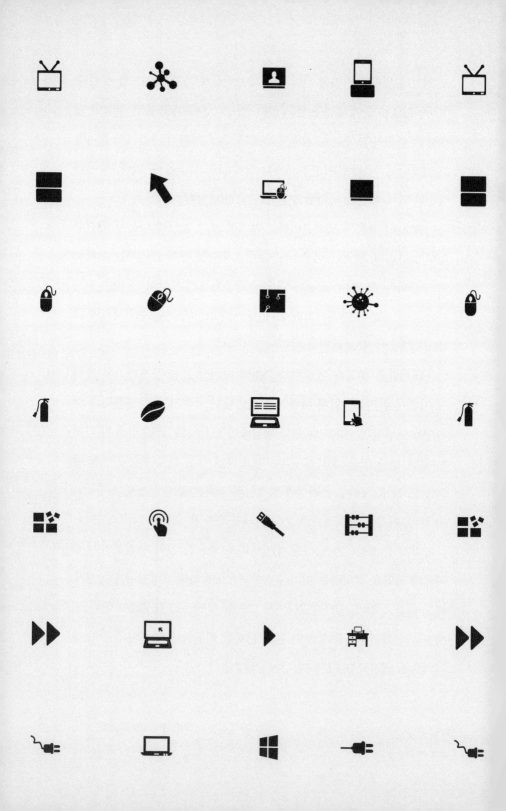

Part 4

일상에서의 문제해결도
창의적으로 스마트하게

송 과장의 어느 하루

모닝콜 소리에 무거운 머리를 간신히 들고 일어나서 냉수를 한잔 따라 마신다. 습관적으로 세수하고 옷을 주섬주섬 챙겨 입고 집을 나선다. 출근하여 사무실에 들어서면 항상 먼저 나와 있는 부장이 반갑게 직원들을 맞이한다. '좋은 아침입니다.'

사내방송으로 첫 일과가 시작되고, 방송종료 후에 다 같이 모여 출근조회를 한다. 조회가 끝나고 PC의 메일을 확인해 보면 이런저런 메일이 어찌도 많이 들어왔는지 짜증이 난다. 그러나 들어오는 메일 수와 그 사람의 능력은 비례하는지라 메일이 많은 것을 은근히 즐기는 편이기도 하다. 삭제할 건 보지도 않고 과감하게 지우다 보면 부장님 호출이다. 오늘 중으로 A프로젝트 기획안에 대한 초안을 만들어 오후에 같이 회의하자고 하신다. 긴급하게 처리해야 할 일이 몇 건 있지만, 직장인에게 노(No)라는 말은 불필요한 수식어이기에, 과감하게 예스(Yes)라는 대답을 하고 자리에 앉아 구상을 해 본다. 그 때 C부서에서 전화가 온다.

'과장님 오늘 낭비제거 효율화 방안에 대한 회의가 10시부터 있는 거 알고 계시죠? 꼭 참석하여 주세요. 사장님도 참석하십니다!'

항상 이런 식이다. 사장님께서 오신다니 대타를 보낼 수도 없다. 이 대리를 불러 회의 자료는 만들어졌는지 물어본다. 근데 아직 진행 중이란다. 아니 이럴 수가! 혼낼 겨를도 없이 자료를 전송받아 이것저것 검토하여 재빠르게 자료를 만든다. 회의에 참석하면, 왜 그렇게 말들이 많은지. 긴 시간 이런저런 말을 듣다 보면 어떤 땐 짜증이 난다. 메일로 핵심만 공유하면 되는 데, 꼭 모여서 바쁜 시간대에

해야만 되나? 이렇게 오전이 가고 점심 먹고 오후가 되면 나른한 식곤증에 잠이 쏟아지기 마련이다. 빈 회의실을 찾아 잠시 눈을 붙이며 오늘 할 일을 생각해 본다. 월말 마감이 임박하여 이번 달 업무실적 결과 정리와 경비 정산은 오늘 중에 필히 끝내야 한다. 부장님 오더, 오전회의 피드백, 퇴근 후 어학원 등 잠이 싹 달아나는 짜증나는 일들이 널려 있다.

먼저 월말 결과보고는 기존 보고서를 토대로 숫자를 변경하여 후닥닥 만들어 전자결재를 올리고, 부장님 오더는 기존까지 진행된 상황과 관계사 진행상황을 엮어 문서로 포장하고, 오전회의 피드백은 일단은 남들이 하는 수준에서 사장님께서 좋아하는 용어를 섞어 실천계획을 수립한다. 그러다 보니 퇴근시간이 다가왔고 부장님께 이런저런 일을 완수했음을 보고한다.

그런데 부장님의 대답은 의외로 간단하다. "밥 먹고 하지?" 오늘 또 잔업이 시작되는 전주곡이 울린다. 부장님은 꼼꼼한 면이 있으셔서 이것저것 질문하는 범위가 갈수록 늘어나고 있다. 회사의 사례, 관계사의 사례, 경쟁사의 사례, 글로벌 베스트 10위 안에 드는 회사의 사례 등을 거론하시는 데, 말을 하면 할수록 잔업이 야근으로 바뀔 가능성이 커진다. 철저하게 살펴본다는 데 반론은 못하겠고, 이럴 땐 그냥 사표를 내고 자유인으로 살아가고 싶다.

Chapter 1

중요한 것부터 먼저 하자

당장 처리해야 할 일과 관계없는 서류는

책상에서 치워버려라.

중요한 것부터 일을 순서대로 처리하는 것이다.

– 데일 카네기 Dale Carnegie –

문제해결에서 신속하게 전개할 것은 과감하게 해버리고, 심사숙고할 것은 논리적이고 꼼꼼하고 세밀하게 접근하려면 일하고 생각하는 프로세스가 유연하고 창의적이어야 한다. 그런 측면에서 문제해결을 일적인 측면과 개인적인 측면까지 폭넓게 살펴보아야 한다. 우리는 항상 문제 속에 파묻혀 있고, 개인의 생활 자체가 문제를 해결하기 위해서 살아간다고 말할 수 있기 때문이다.

따라서 현재의 상태 대비 기대하는 소망성과가 있고 그것을 달성하기 위해서 많은 노력을 한다. 그러면서 성취감을 느끼고 실패를 통해 낙담하기도 한다. 다만 우리가 그것을 문제로 느끼기보다는 당연히 처리해야 할 생활 속의 일(Work)로 여겨지기 때문에 인지하지 못하는 것이다.

〈문제해결 가이드 사례 4〉 '송 과장의 어느 하루'를 살펴보면, 하루를 바쁘게 보내고 있는 직장인의 고달픈 삶의 여정을 보고 있는 듯하다. 정상적인 라이프사이클에서 보면 송 과장은 정시에 출근해서 열심히 일하고 정시에 퇴근해서 가끔은 동료들과 가볍게 생맥주도 한 잔하고, 저녁은 집에서 가족과 함께 함께 보내고 싶어 할 것이다. 그러나 현실은 송 과장의 하루처럼 숨 가쁜 일상으로 나타나고, 기대하는 바와 현실의 차이가 점점 벌어져서 문제로 대두되는 것이다. 그러나 우리는 이러한 바쁜 일상 속에서 발생한 문제를 은근히 즐기기도 하고, 잘 풀리지 않아 나쁜 결과를 초래하였을 시에 비관하기도 한다. 그러므로 문제를 생활 속의 진행되는 일(Work)로 바라보고 해결해야 한다. 당연히 신명나게 일하면 신바람나게 해결되는 것이고, 어렵고 짜증나게 일을 하면 문제해결은 고통스러운 과정일 뿐이다.

이런 관점에서 문제를 일로 바라본다면 매일매일의 생활 속에서 발생되는 일을 문제의 관점에서 분류할 수 있다. 기본적으로 문제는 크게 발생형 문제와 설정형 문제로 크게 분류된다. 발생형 문제는 긴급도의 차원이고, 설정형 문제는 중요도의 차원이니, 중요도와 긴급성을 관점에서 2×2 매트릭스로 구분하면 네 가지 형태로 확대해서 분류할 수 있다. 바로 긴급하고 중요한 '발생형 문제', 긴급하지 않지만 중요한 '설정형 문제', 긴급하지만 중요하지 않은 '선택형 문제', 긴급하지도 중요하지도 않은 '제거형 문제'이다.

스티브 코비 박사의 〈성공하는 사람들의 일곱 가지 습관³¹⁾〉중 3번째 습관 '소중한 것을 먼저 하라'의 시간매트릭스와 분류의 맥락이 비슷하지만, 일(Work)을 문제(Problem)로 바라보면서 일상의 문제해결에 초점을 맞추었다는 점에서 차별점을 두고 있다. 사람에 따라, 하는 일에 따라 분류가 조금 다를 수는 있지만, 네 가지 형태로 문제(일)를 분류하고, 문제해결에 차별점을 두면 일상에서 문제해결이 쉬울 수 있고, 이를 통해 창의적인 문제해결의 토대를 구축하는 계기가 될 수 있다.

〈문제의 4차원〉

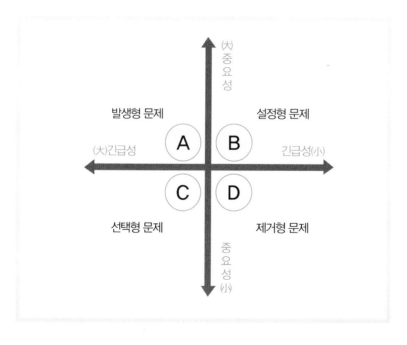

또한 네 가지 형태의 문제는 문제해결의 진행유형을 기준으로 구분하여 볼 수 있다. 먼저 발생형 문제는 전형적인 A타입(신속형) 문제해결 유형이다. 필히 해결하여야 할 문제로 우선적으로 신속하게 해결하는 것이 전체적인 문제해결에 큰 도움이 된다. 선택형 문제는 긴급성이 애매한 문제이다. 상황에 따라서 긴급할 수도 있고 아닐 수도 있다. 먼저 할 것인지 말 것인지 의사결정을 통하여 선택과 집중이 필요한 문제로 C타입(고민형) 혹은 A타입(신속형) 문제해결 유형으로 구분할 수 있다. 제거형 문제는 묻지도 말고 따지지도 말고 안하면 도움이 '아니오'라는 과감성이 요구되는 A타입(신속형) 문제해결 유형이다.

마지막으로 설정형 문제는 문제의 성격에 따라서 B타입(창의형), C타입(고민형), D타입(혁신형) 문제해결 유형이 될 수 있다. 가장 중요한 것은 미래의 문제를 미리미리 선도 관리하여 그런 문제가 발생하지 않도록 하는 것이다.

- 발생형 문제 : 미루지 말자.
- 설정형 문제 : 선도적으로 관리하자.
- 선택형 문제 : 선택과 집중을 하자.
- 제거형 문제 : 없애고 또 없애자.

여기서 가장 중요한 것은 문제의 본질을 바라보고 핵심에 집중하는 것이다. 문제해결 프로젝트를 진행하면서 무수히도 보아온 것이 처음

의도와는 다르게 보여주기식 문제해결로 흐르는 경향이 높다는 것이다. 그러다 보면 쓸데없는 일이 많아지면서 본질이 흐려지게 된다. 문제해결에서 가장 바람직한 방법은 긴급한 문제는 발생 즉시 빨리 해결하고, 중요한 것 중심으로 문제해결의 역량을 집중하는 것이다. 이를 통하여 그 문제가 발생하지 않도록 선도관리 한다. 그러나 모든 것을 다 중요하게 보고 다 해야 한다는 자세로 접근하다가 보면 정작 중요한 것을 놓치게 된다. 따라서 다음 장부터는 문제의 유형을 구체적으로 살펴보고 각 유형별 적절한 문제해결의 현장 적용방안을 살펴보겠다.

Chapter 2

발생형 문제 :
미루지 말자

큰 문제를 해결하는 것이 작은 문제를 해결하기보다 쉽다.

― 세르게이 브린Sergey Brin ―

발생형 문제는 긴급하고 중요하게 발생된 일의 영역이다. 이 문제는 다른 것을 제쳐 두고 가장 중요한 우선순위를 두고 처리해야 할 문제이다. 만약 이 문제를 차일피일 미루거나 미숙하게 처리하면 치명적인 문제로 대두되기 때문이다. 송 과장의 경우 오늘 중으로 마감하여야 할 A프로젝트 초안 보고는 긴급하면서 중요한 문제(Work)이다.

■ 발생형 문제 : A프로젝트 기획(초안), 사장님주관 회의자료, 납기가 임박한 업무실적 정리, 경비마감 등

발생형 문제의 영역은 긴급성과 중요성을 다루는 부분으로 문제해결

자가 발생한 문제를 통제 및 해결할 수 있다면 문제가 되지 않지만, 그럴 수 없으면 품질이 떨어지고 임기응변, 전시행정 등의 행위로 처리가 미숙하여 또 다른 문제를 야기하게 된다. 자칫 문제를 해결하기보다는 또 다른 큰 문제가 발생하여 문제의 굴레 속에서 허우적거리게 된다. 탁월한 사람은 항상 준비하고 대비하여 긴급하게 문제가 발생되지 않도록 대비한다. 이를 통하여 문제가 발생하였을 시에는 본인이 제어할 수 있는 범위를 넓혀 놓는다. 따라서 긴급하고 중요한 문제는 발생 즉시에 모든 것을 제쳐 두고 일차적으로 처리하는 자세가 중요하다.

상황판단을 잘못하여 미적거리다 통제의 범위를 벗어나면 본인이나 본인이 소속된 팀에게 치명적인 문제로 되돌아올 수 있다. 발생형 문제는 개인적·직업적인 측면에서 어느 정도는 자의든 타의든 매일 발생한다. 발생형 문제는 자신이 통제할 수 있으면 다행이나, 그럴 수 없으면 더 큰 문제로 발전할 수 있다.

따라서 발생형 문제를 잘 처리하는 사람은 항상 대비가 잘되어 있다. 대비가 잘되어 있는 사람은 본인의 컨트롤 범위가 넓으므로 긴급한 상황에서도 융통성 있게 대처할 수 있다. 그러므로 발생형 문제는 가급적 발생 즉시 먼저 처리해야 한다. 그 문제를 차일피일 미루면 문제가 문제를 일으키는 굴레 속에 빠지게 된다. '즉시 실천' 해야 하고, 이것을 미루면 쌓이고 쌓이면서 조직의 전체 흐름에 병목현상을 일으키는 중대한 문제가 되어버리기 때문이다.

| Chapter 3 |

설정형 문제 :
선도적으로 관리하자

나는 똑똑한 것이 아니라 단지 문제를 더 오래 연구할 뿐이다.

지식인은 문제를 해결하고, 천재는 이를 예방한다.

― 알베르트 아인슈타인 Albert Einstein ―

　　설정형 문제는 긴급하지는 않지만 중요한 일의 영역이다. 지금 당장에 중요하지는 않지만 미래의 관점에서 계획을 수립하고 진행해야 하는 일이다. 이런 점에서 송 과장이 진급을 위해 준비하는 자기개발(어학교육) 등은 미래를 준비하는 문제의 영역이다. 현재의 시점에서는 긴급하지는 않지만 사전에 계획을 수립하고 차근차근 준비해야 한다.

　　■ 설정형 문제 : 사장님께 보고할 A프로젝트 기획안, 자기개발 등

　　만약 이 문제에 대해서 사전에 대비하고 준비해 놓지 않으면, 어느 날

마감 시점이 되어 문제로 발생하였을 때에 제어할 수 없으며 낭패를 볼 수 있다. 시간상으로는 발생형 문제가 과거에서 현재까지라면, 설정형 문제는 현재에서 미래로의 진행형이다. 그러다 보니 설정형 문제는 현상적인 측면에서 아직 보이지 않기 때문에 시간적인 여유가 있다는 이유로 소홀히 하는 경향이 있고, 시간이 흘러 문제로 발생하면 문제해결을 위해 동분서주(東奔西走) 하게 된다.

그러나 문제해결을 잘하는 사람은 문제가 발생되지 않도록 사전에 대비하는 사람이다. 당연히 설정형 문제에 관심을 가지고 대비한다. 그래서 그 문제가 시간이 흘러 문제로 대두하였을 시에 조정 및 통제할 수 있는 영역의 범위를 넓혀 논다. 때로는 문제가 발생되면 문제해결을 위해 이리 뛰고 저리 뛰는 사람이 눈에 잘 보일 수 있지만, 생산성의 측면에서 살펴보면 문제를 일으키지 않는 사람이 장기적인 안목에서 생산성에 기여하는 바가 크고 실속있다고 할 수 있다.

그러므로 설정형 문제를 대할 때에는 미래에 초점을 맞추어 생각하는 자세가 필요하다. 시점을 현재보다는 미래에 두고 미리미리 하여 문제가 발생하지 않도록 대비하는 것이다. 이렇게 문제를 자신이 조정하고 통제할 수 있는 범위 안에 두면 문제를 예방하거나 대처할 수 있어 삶의 여유를 가질 수 있다.

과거의 관점에서 발생한 문제를 긴급하게 처리하게 되면 정신 없이 바쁘기만 하지만, 미래에 초점을 두고 준비한다면 문제와 시간을 통제할 수 있어 여유롭고 삶이 풍요로워질 수 있다.

따라서 설정형 문제는 문제(Problem)보다는 과제(Project)라는 측면으로 제시한다. 문제는 우리가 의도한 것에서 벗어나 발생된 측면이 강하지만, 과제는 선수관리 측면에서 발생될 수 있는 문제를 예방하여 기회를 창출하는 미래지향적인 표현이기 때문이다.

그러기 위해서는 항상 조직적인 측면에서 개인적인 측면에서 기대하는 소망성과를 명확히 설정해 놓아야 한다. 이것은 문제해결의 방향성을 분명히 해주고, 현재에서 미래로 시야를 넓혀주면서, 문제해결을 위해 할 일이 무엇인지 선택하고 계획과 준비에 집중할 수 있도록 해준다.

중국의 격언 중에 원려근우(遠慮近憂)라는 말이 있다. 즉, 먼 앞날을 걱정하지 않으면 반드시 가까운 장래에 근심이 생긴다는 교훈이다. 스티븐 코비 박사가 말하는 〈성공하는 사람들의 일곱 가지 특성〉 중 하나는 '목표를 확립하고 행동한다'는 것이다. 미래에 본인이 이루고 싶은 성공의 이미지를 항상 가슴 속에 품고 미래를 위해 대비하고 준비하는 말이다. 방향성이 명확하면 자신의 자아의식이 발전되어 가치가 분명해지고 상상력과 창의력이 활성화되어 차별성을 가지고 목표를 달성할 수 있게 된다. 이와 같은 행동이 반복되면 습관으로 정착되어 궁극적으로 습관이 인생을 바꾼다.

현재 눈앞에 보이지 않는다고 해서 문제가 없는 것은 아니다. 시간이 지날수록 위기는 한발씩 다가오고 있는 중이다. 대비하고 준비하면 문제는 서서히 기회로 바뀌면서 성공의 결실을 맺어줄 것이다. 그런 점에서 탁월한 문제해결자는 설정형 문제의 비중이 유난히 높다고 할 수 있다. 항상 오늘을 기점으로 미래의 문제해결을 위해 본인이 해야할 일이 무엇인지 철저히 준비한다.

Chapter 4

선택형 문제 :
선택하고 집중하자

새 잘못으로부터 뭔가를 배워라.
가장 중요한 것은 문제를 해결하는 것이다.

— 빌 게이츠[Bill Gates] —

선택형 문제는 중요하지는 않지만 긴급하게 발생한 일의 영역이다.
타 부서의 회의소집, 회의 결과보고는 지극히 상대방의 관점에서 상대
방의 관심사가 반영된 긴급성의 문제이다. 송 과장의 입장에서는 그다
지 긴급하지도 중요하지 않은 문제이기도 하다. 사장이 참석한다니 눈
도장을 찍기 위해서 참석해야 하고, 사장님 관심 사항이라 하니 나 몰
라라 할 수도 없는 애매한 문제이다.

■ 선택형 문제 : C부서의 낭비 효율화 회의, 부장의 궁금성 오더, 매일의
　잔업 등

190

이와 같은 선택형 문제는 문제의 영역에서 높은 비중을 차지하고 있다. 이 문제의 비중이 높아지면 하루하루는 정신없는 일과 속에서 '바쁘다, 바빠'로 보내게 되고, 이것저것 가릴 것 없이 닥치는 대로 일을 처리하게 된다. 정신없이 일하다가 고개를 들어보면 '별이 보인다. 오늘도 열심히 살았구나!' 싶지만, 무엇을 위해 열심히 뛰었는지 모르게 된다. 반복되면 정작 중요한 것을 하지 못하고 우왕좌왕 끌려다니면서 더 큰 문제를 만들 수 있다.

이처럼 때로는 우리는 근시안적인 시야로 문제를 바라본다. 그러다 보면 긴급성만 가미된 선택형 문제를 발생형 문제로 오인하는 착시현상도 생길 수 있다. '사장참석'이라는 단어 하나 때문에 주관부서, 참여부서 할 것 없이 모든 일을 다 제쳐놓고 중요하고 긴급한 문제를 제쳐놓고 사장님 참석에 초점을 맞추는 것이다. 결국에는 중요하고 긴급한 문제는 뒤로 하게 된다. 이런 일이 반복되면 일의 노예가 되면서 정작 중요한 문제를 놓치게 되고, 그 문제로부터 큰 위기를 겪을 수 있다.

> 진정 중요한 것이 무엇인지 모르기에 모든 것이 중요해 보인다.
> 모든 것이 중요해 보이기에 모든 것을 다해야 한다.
> 불행하게도 다른 사람들에게 모든 것을 다하는 사람으로 보이기에
> 그들은 우리가 모든 것을 다해줄 것으로 기대한다.
> 모든 것을 다하느라고 너무 바쁘기에
> 우리에게 진정 중요한 것이 무엇이지 생각해 볼 짬조차 없다.

따라서 선택형 문제에서는 중요성의 관점으로 문제를 재조명하면서 '할 것인가, 말 것인가'를 선택하는 의사결정이 중요하다. 중요성은 문제의 본질파악을 통하여 살펴보아야 하는데, 본질을 파악하면 자신에게 중요한 것이 무엇인지를 제대로 볼 수 있게 된다. 이를 통하여 중요성의 관점에서 우선순위가 높은 문제에 집중하고, 나머지는 위임과 제거를 통해 문제를 정리해 나가는 지혜가 필요하다.

| Chapter 5 |

제거형 문제 :
없애고 또 없애자

생각을 깊이 하는 사람들의 문제를 효과적으로 해결하는 비결은

"만약 ~ 하면 어쩌지?" 하며

쓸데없이 시간을 낭비하지 않는 것이다.

― 노먼 빈센트 필 Norman Vincent Peale ―

제거형 문제는 중요하지도 긴급하지도 않은 일의 영역이다. 송 과장
이 나른한 식곤증의 피로를 풀기위해 빈 회의실을 찾아가 시간을 소일
하는 행동은 생산성이 전혀 없는 낭비의 영역이다.

■ 제거형 문제 : 스팸 메일 정리, 근무 중 낮잠 등

하루의 일과 중에서 뜻밖에 아무런 의미 없이 보내버리는 활동들이
많다. 때로는 이와 같은 낭비의 영역이 활력을 주는 요인으로 작용하기

도 한다. 하지만 지나치면 생산성을 저하하는 문제를 일으킨다. 낭비적인 문제가 발생하는 이유는 '자신이 무엇을 잘못하고 있는지를 인지할 수 있는 기준이 상실되었기 때문'이다.

가치란 자신이 무엇에 우선순위를 두고 사고하고 의사결정을 하는지를 의미한다. 본인이 생각하고 있는 가치의 기준을 말하는 것이다. 항상 반복되는 일이지만 본인 스스로가 그 행동이 잘된 것이지, 잘못된 것인지를 판단하는 하는 기준을 말한다. 대부분의 소모적인 낭비의 활동은 우리가 얼마나 명확한 가치관을 따르고 있느냐에 따라 감소하기도 하고 증가하기도 한다. 이 영역은 관점의 전환을 통하여 생각을 바꾸고 생산적인 관점에서 가치를 확고히 설정하면 새로운 동력을 창출하는 생산성의 영역으로 전환할 수 있다.

현명한 문제해결자는 이와 같은 낭비의 영역에서 발생하는 무미건조한 활동들을 생산적인 활동으로 전환하는 데에 탁월한 역량을 발휘한다. 가급적 제거함으로써 확보된 잉여의 시간들을 새로운 것을 창조하는 시간으로 활용하여 더욱 미래지향적인 과제수행에 집중한다. 따라서 중요하지도 않고 긴급하지도 않은 의미가 없는 문제들을 최소화하기 위해서는 먼저 그런 문제들이 무엇인지, 얼마나 산재해 있는지를 파악하는 것이 중요하다. 자신의 무의식 속에서 활동하고 있어서 인지하고 있지 못하지만, 제대로 인지만 되면 없애 버리는 것은 생각과 의지를 새롭게 하면 얼마든지 줄일 수 있는 부분이다.

이처럼 주변에서 일어나는 문제를 발생형, 설정형, 선택형, 제거형의 네 가지 유형으로 구분해 보면 우리는 직업적인 측면에서 개인적인 측면에서 많은 문제를 가지고 있음을 알 수 있다. 그 문제를 의식하든 의식하지 않든 생활 속에서 문제를 해결하면서 살아가고 있다는 것을 알게 된다. 가장 중요한 것은 그 모든 것을 다할 수는 없다는 것이다. 구분해야 하고 중요한 것 중심으로 선택과 집중을 해야 한다.

중요하지도 긴급하지도 않은 문제는 과감히 버리고, 긴급성에 너무 현혹되지 말며 냉철하게 우리에게 중요한 문제인지를 살펴보고 진행해야 한다. 긴급하고 중요하게 발생한 문제는 뒤로 미루지 말고 그때그때 처리함으로써, 미래를 선도관리 할 수 있는 중요한 문제에 집중해야 한다. 일하고 사고하는 방법에 변화를 추구하면 이것이 습관화 되어서 개인적인 측면에서 직업적인 혹은 창의적으로 문제를 해결할 수 있게 된다.

Chapter 6

창의적 문제해결의
가이드라인

모든 폭풍우가 지나간 후에 태양은

미소를 지을 것입니다. 모든 문제에 대한 해결책은 있습니다.

그리고 영혼의 파기할 수 없는 의무는 정신을 차리는 것입니다.

− 윌리엄 A. 알제(William R. Alger) −

[문제 상황 21] 이순신 장군은 1591년 3월경 전라좌수사로 부임한 뒤 2년여 동안 군
선 40여 척을 건조했다. 전라좌수영은 여수시 금오도, 고흥군 팔영산 등 30여 곳에 군
함 건조에 쓰는 수령 100년 이상 된 소나무 목재를 조달하는 산림(선재처)를 관리했다.
전라좌수영은 관원들에게 군함 건조용 산림을 지키게 했고, 전라좌수사가 수시로
산림상황을 보고받았다. 백성들이 목재를 베다가 들통이 날 경우 처벌은 물론이고
해당 고을 수령도 파면당할 정도로 중요시했다. 이순신 장군은 목재를 운반할 때에
운반 통솔자로 나가서 백들과도 호흡을 함께 하였다. 이를 통해 전라좌수영 함대를
조기에 완성하였고, 23전 전승의 기틀을 마련하였다.[29]

이순신 장군의 전승 비결은 무엇일까? 여러 가지가 있겠지만 한 가지 분명한 것은 선견지명(先見之明)과 선수관리(先手管理)가 핵심이 아닐까? 모든 사람이 '아니오'를 외칠 때 홀로 일본의 침략을 예상하였고, 미래의 전쟁에 대비하여 사전에 판옥선을 만들고 거북선을 창조하였다. 장군은 문제해결에 있어서도 항상 본질을 먼저 보았다. 따라서 배를 만드는데 기본이 되는 목재관리부터 철저히 하였다. 이를 바탕으로 차별적이고 탁월한 전법을 창조하여 23전 전승으로 조선을 위기에서 구하였다. 그러나 전쟁은 안 일어날 것이고, 만약에 일어난다면 '막강 조선군이 왜군을 괴멸시킬 것이다.'라고 외친 신립 장군은 한양 근처 탄금대에서 배수의 진을 치고 왜군을 맞이했지만 전원 전멸하였다. 두 분 모두 조선시대 최고의 명장으로서 칭송받았지만, 다가올 문제를 누가 먼저 보았는가와 얼마만큼 준비하였는가의 차이로 한 사람은 승리하였고 한 사람은 패배하였다.

어찌 보면 우리도 매일의 생활에서 전투 아닌 전투를 벌이고 있다. 전승은 아니더라도 승률을 높이고 싶은 소망이 간절할 것이다. 승리하고 싶으면 먼저 보고 먼저 준비해야 한다. 그런데 많은 사람들이 노력 없이 승리를 기원한다. 그런 사람을 우리는 이렇게 말한다. '손 안대고 코 풀려는 사람', '날개도 없이 날려는 사람'.

그러면 이순신 장군처럼 23전 전승의 문제해결을 하는 가장 바람직한 방법은 무엇일까? 이 질문에 대해 이제는 '설정형 문제에 집중하는 것이다.'라고 대답할 수 있어야 한다. 설정형 문제에 집중하는 가장 기본은 발생형 문제는 연기하지 않고 그때그때 처리하면서 비중이 최소화 되도록 관리(Control)하는 것이다.

발생형 문제는 가급적 빨리 처리해야 할 필수적인 일(Work)이다. 이것을 처리하지 않고 연기하면 문제가 누적되면서 문제의 소용돌이에 빠지게 된다. 그러나 그때그때 처리한다면 조금씩 시간의 여유가 생기면서 내일 처리할 문제와 다음 주에 처리할 문제로 조금씩 보폭을 넓힐 수 있다.

다음으로 선택형 문제는 현명한 의사결정을 통해 자신의 문제로 선정할 것인지, 말 것인지를 결정해야 한다. 선택형 문제는 주관이 내가 될 수도, 타인이 될 수도 있다. 자신의 문제로 선정되면 미루지 말고 적극적으로 처리하고, 아니면 신속한 위임과 제거를 통해 선택(Choice)과 집중(Focusing)을 해야 한다.

제거형 문제는 가급적 줄이고 하지 않는 것이다(Delete). 이러면 여기서 남는 시간과 노력을 설정형 문제해결에 집중하면서 미래지향적으로 문제를 선도관리하게 된다. 이러면 매일 매일의 생활에서 위기를 기회로, 기회를 더 큰 기회로, 기회를 창조로 터닝 포인트하는 실천전략을 구사할 수 있다.

- (1일 단위) 내일 처리해야 할 일은 무엇인가?
- (1주 단위) 다음 주 할 일은 무엇인가?
- (1달 단위) 다음 달 핵심적인 일은 무엇인가?

- (1년 단위) 내년에 개인적인, 조직적인 측면에서 관심사는 무엇일까?
- (5년 단위) 개인과 조직의 비전에 맞추어 무엇을 준비해야 하는가?

〈문제의 선도관리 전략〉

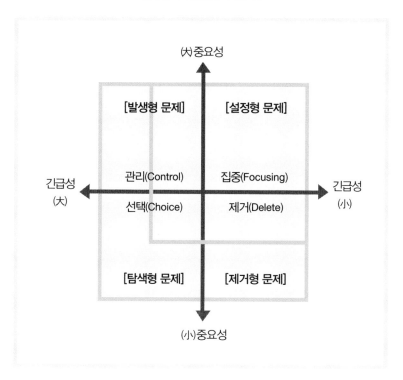

이처럼 발생형 문제는 즉시 처리하고, 선택형 문제는 선택과 집중으로 효율화하며 제거형 문제는 과감하게 추방하면 설정형 문제의 비중이 갈수록 커지면서, 중요성의 관점에서 문제를 선도적으로 관리할 수 있게 된다.

평범한 사람과 탁월한 사람은 문제를 해결하는 방식에서 차이가 있다. 전자는 문제를 기다린다는 것이고 후자는 문제를 찾아간다는 것이다. 행동적인 관점에서 차이를 구분했지만 성공과 실패의 차이는 예측과 대비와 실행의 관점에서 누가 앞섰는가에 있다.

진화론적인 측면에서 적자생존(適者生存)의 법칙은 생존경쟁에서 외계의 상태에 맞는 것은 살아가고 그렇지 못한 것은 차차 쇠퇴하고 멸망해 가는 자연 도태의 현상을 설명한다. 이것을 승자의 법칙에 적용하면 승리하는 사람은 머리가 좋은 사람도, 힘이 센 사람도, 돈과 권력이 많은 사람이 아니라 '환경에 잘 적응하는 사람'이다는 것이다.

여기서의 적응은 다가오는 환경에 잘 순응한다는 소극적인 말보다는 '미래의 관점에서 환경을 예지하고 본질을 파악하여 문제를 선수관리한다'는 의미이다. 문제해결에서 선수관리는 위기의 상태에서 기회를 바라보고, 기회의 상태에서 보다 더 높은 창조의 소망성과를 두고 문제를 보다 한발 앞서 창조적으로 해결한다는 것이다.

[문제 상황 22] 빌 게이츠의 시작은 초라했다. 하버드 대학을 중퇴하고 조그만 사무실에서 친구들과 PC조립을 시작했지만 원대한 선견지명(先見之明)이 있었다. 조만간 전 세계적으로 1인 1PC시대가 올 것이고 그 시대를 준비한다는 것이었다. 그 당시 세계는 PC 6대면 충분하다는 예견도 있었지만, 빌 게이츠는 자신의 소망을 버리지 않고 대비하였다.

이처럼 문제를 선도관리하기 위해서는 다시 한 번 강조하지만 문제해결자의 소망성과가 무엇보다도 중요하다. 창조적인 문제해결자는 항상 현 상태에 만족하지 않고 끊임없이 소망성과를 높게 부여하면서 자신의 문제가 무엇인지를 절박하게 인지한다. 문제를 절박하게 바라보면 문제해결에 대한 강력한 의지가 발동하게 되고 창조적으로 문제해결을 하게 된다.

빌 게이츠는 시작은 초라했지만, 소망하는 바가 크고 절박하였기에 Change(도전)에서 G를 C로 바꾸어 Chance(기회)를 얻게 되었다. 이것

〈창조적 문제해결 전략〉

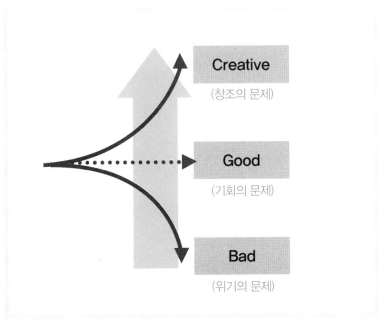

이 위기를 기회로 바꾸면서, 기회를 더욱 높은 창조의 상태로 바꾸는 선도적인 문제해결이다. 따라서 창조적인 문제해결을 위해서는 스킬적인 측면도 중요하지만, 그에 앞서 태도와 자세적인 문제의식이 더욱 중요하다.

인생은 길고,
기회도 할 일도 문제도 많다

우리나라 국민의 평균 수명은 남성 78세, 여성 83세로 남성, 여성 합한 평균수명은 80.5세(2016년 10월 현재)이다. 이처럼 평균 수명이 많이 늘었다. 이제는 장수시대에 맞추어 '9988234'란 용어가 등장해 회자되고 있다. 99(99세까지), 88(팔팔하게 살다가), 23(이삼일 앓다가), 4(돌아가시겠다)란 의미이다. 그러나 23의 의미는 이삼일 병원에 입원하겠다는 의미로 재해석되고 있어, 9988234의 진정한 의미는 '구십구 세까지 팔팔하게 살다가 이삼일 정도 병원에 입원하고 임종하겠다'는 의미로 일반적으로 사용된다.

그럼 이삼일 병원에 입원하는 말의 진정한 의미는 무엇일까? 이유에 대해서 '깔끔하게 임종하고 싶어서, 장례준비가 필요해서' 등 여러 가지 의견이 있다. 그러나 정작 이유는 병원에 이삼일 입원에 있으면 가족, 친구, 주변인이 찾아올 테니 유언 한마디쯤은 할 수 있기 때문이다. 그런데 이것을 누군가 또 바꾸었다. '23'아니고 '78'이란다. 즉, 지금은 글로벌 시대라서 가족, 친지, 주변인 중에서 해외에 있는 사람들이 많다. 최소한도 칠팔일은 병원에 입원하여야만 죽기 전에 보고 싶은 얼굴을 볼 수 있다는 것이다.

이것은 백세시대를 상징하는 키워드로 수명이 생각보다 많이 늘어났음을 실감할 수 있다. 게다가 '오래 사는 것이 중요한 것이 아니고 어떻게 살 것인가?'가 중요하다. 수명이 길어지다 보니 직장정년은 직업생활의 종착역이 아니다. 평생직업 시대를 맞이하여 최소한도 퇴직 후에도 15년에서 20년은 직업생활을 더 해야 한다. 그래서 지금 대두되는 사회적 문제가 청년실업과 노인실업이다.

중요한 것은 이것은 남의 일이 아니라는 점이다. '정년퇴직 후 무엇을 하시겠습니까?'라는 질문에 '나는 이런 일을 하면서 이렇게 살 것입니다'라고 곧바로 대답을 못 한다면, 누구에게나 위기의 문제가 퇴직과 함께 다가올 수 있다. 자신 있게 대답한다면, 퇴직 후에도 기회의 문제가 영위될 확률이 높다. 이처럼 우리의 인생도 내가 어떻게 준비하는가에 따라서 희비가 엇갈린다.

누군가 '인생은 짧고, 할 일은 많다'고 했으나 이제는 그 말은 틀린 말이 되었다.

'인생은 길고, 할 일도 많다.'

문제를 개인적인 측면에서 직업적인 측면에서 매일의 일상의 단면이라고 누누이 제시했듯이, '인생은 길고, 문제도 많다'로 다시 정정하여야 한다. 여기서 문제는 기회의 문제로 D타입의 설정형 문제가 되겠다.

만약 이 문제를 소홀히 한다면, 시간이 흘러 우리에게 다가올 때 통제할 수 없고 위기의 문제가 될 것이다. 따라서 우리는 미래에 대한 내 인생의 소망성과(미션/비전/목표)를 크고 분명하게 가지면서, 그것을 꼭 달성해야 한다는 절박한 문제의식을 가지고 준비할 필요가 있다.

NLP(Neuro Linguistic Programming)[30]의 에서는 인간의 행동영역을 비전/미션 ⋯ 신념/가치 ⋯ 능력 ⋯ 행동 ⋯ 환경 5단계로 나누어 설명한다. 그리고 그중에서 어떤 비전/미션을 가졌는지를 중요하게 여긴다. 이유는 비전과 미션을 명확하게 가지면 가질수록 동시에 신념과 가치가 생기고, 이것이 절박하게 가슴 속에 가지고 있으면 그에 걸맞은 능력이 생겨 자신의 비전과 미션을 추구하는 행동으로 주변 환경에 반응한다는 것이다.

아들의 담임선생님을 찾아가 면담을 한 적이 있었다. 담임선생님은 공부를 잘하는 학생은 욕심이 많고, 공부를 못하는 학생은 욕심이 없다고 하셨다. 욕심이 크면 '나는 인생에서 어떤 일을 할 것인가? 그 일을 하기 위해서는 나는 무슨 공부해야 하는가? 그리고 어느 대학의 어느 학과를 갈 것인가?' 이런 부분이 명확하게 정립되어 있으니, 누가 시키지 않아도 알아서 공부한다는 것이다. 즉, 본인이 인생에서 무엇이 될 것인지(소망성과)가 분명하게 설정되어 있으면 본인이 알아서 행동하는 것이다.

따라서 인생의 소망성과와 절박한 문제의식을 느끼고 지금부터 준비한다면, 자신의 업의 본질을 추구하는 평생직업의 본질이 제대로 보이면서 미리미리 세심한 준비가 가능할 것이다. 그럼, 먼저 무언가 쓸 수 있는 곳에 지금 나의 평생직업을 위해 이슈가 되고 있는 설정형 문제를 있는 그대로 적어보자. 적어보면 문제가 달리 보인다. 필자도 10년 전에 여러 개를 적었는데, '박사학위 취득하기, 책 쓰기, 명강사로 공인 인증 받기' 등을 적었던 기억이 난다. 적어보니 항상 잊지 않게 되었고, 마음이 그곳으로 움직이면서 문제해결을 위해 노력하고 행동하게 되었다.

문제해결을 잘하는 사람은 소망성과를 크고 분명히 하면서 인생에서의 방향성도 명확히 한다. 또한, 그것을 절박한 마음으로 수용하고, 할 수 있다는 자신감으로 긍정적으로 받아들이고 행동한다.

우리들의 인생은 문제해결의 연속이다. 일하고 사고하는 방법에서 내가 어떠한 마음과 자세로 문제를 바라보는가에 따라서 성공과 실패가 좌우된다. 그리고 이러한 행동이 인생의 후반부로 갈수록 직업적인 측면보다 개인적인 측면에서 자아를 완성해나가는 성숙된 인간 활동으로 승화되게 된다. 그러므로 문제해결의 별도의 과외활동으로 보지 말고 일상에서 항상 일어나는 일(Work)의 연속으로 바라보자. 앞으로 하고 싶은 것, 해야 할 것, 달성하고 싶은 소망성과로 항상 생각하자. 그러면 그 순간부터 나와 조직과 사회와 국가의 문제를 선도 관리하는 창조적인 문제해결자가 될 것이다.

부록

문제해결의 관점에서 살펴본
코칭 프로세스

문제해결과
코칭은 닮아 있다

　문제해결은 개인 혼자의 힘으로 이루어질 수도 있고, 팀이 구성되어 공동의 작업으로도 가능하다. 문제해결의 프로세스(문제정의 ⋯ 원인분석 ⋯ 대안수립 ⋯ 실행관리)를 유지하였을 때에 효율적이고 효과적이라는 공통점이 있다. 이와 같은 문제해결의 프로세스는 코치(Coach, 코칭을 하는 사람)가 코치이(Coachee, 코칭을 받는 사람)의 문제해결을 도와주면서 진행되는 코칭(Coaching) 속에서 발견되기도 한다. 이런 점에서 문제해결과 코칭의 프로세스는 유사성이 높으며, 코치가 문제해결의 프로세스를 이해하고 코칭에 접목하면 코칭이 좀 더 수월해진다.

　문제해결과 코칭의 유사성은 먼저 개념적 정의에서 살펴볼 수 있다. 문제해결에 대한 개념적 정의를 다시 언급한다면, '현재상태(Actual)와 도달하고자 하는 목표상태(Should)와의 차이를 줄이는 과정'이라고 말할 수 있다.

코칭에 대한 학자들의 개념적 정의는 다음과 같다.

'코칭은 잠재력이 있는 사람을 원래 있던 곳에서 원하는 곳으로 이동시켜 주는 것'이라고 하였고(Evered & Selman, 1989[34]), 코치가 파트너, 지원자가 되어 코치 받는 사람과 지속적인 협력관계를 통하여 그의 잠재능력을 극대화하여 성장할 수 있도록 돕는 과정이라 하였다(Corporate Coach U, 2005[35]). 이처럼 문제해결과 코칭은 기본적으로 생산적이고 긍정적인 방향으로 차이(Gap)를 줄이는 과정이라는 데에서는 맥락을 같이하고 있는 것을 알 수 있다. 다만 문제해결은 개인 혹은 팀차원에서 공동의 협업으로 이루어지지만, 코칭은 문제해결자(코치이) 스스로 자신의 문제를 해결해 나갈 수 있도록 코치가 그 과정을 안내하고 자발적인 행동을 촉진하는 커뮤니케이션의 수단을 통해서 이루어진다는 차이가 있다. 이런 점에서 코칭은 다음과 같은 철학을 담는다.

- 철학1 : 모든 사람에게는 무한한 가능성이 있다.
- 철학2 : 그 사람에게 필요한 해답은 모두 그 사람 내부에 있다.
- 철학3 : 해답을 찾기 위해서는 파트너가 필요하다.

다음으로 문제해결과 코칭의 진행과정에서도 높은 유사성을 살펴볼 수 있다. 먼저 문제해결의 프로세스를 정리한다면 다음과 같다. 문제해결은 연구자의 견해에 따라 3단계에서 6단계로 구성되어 있지만, 종합적으로 문제정의(What) ⋯▶ 원인분석(Why) ⋯▶ 대안수립(How) ⋯▶ 실행관리(Action)의 4단계로 설명할 수 있다고 2장(Chapter 1)에서 제시하였다. 그리고 모든 문제해결이 4단계의 과정을 거치는 것은 아니다. 진행과제의 유형에 따라서 A형은 실행중심으로 신속하게 진행하고, B형은 창의적인 대안수립에 집중하며, C형은 심도 있는 본질파악을 위해서 원인분석에 치중한다고 하였다. 마지막으로 D형은 새로운 관점에서 변화와 혁신을 추구하는 유형으로 문제해결 4단계의 프로세스를 체계적으로 답습해 나간다고 설명하였다.

- 문제해결 A타입(신속형) : 문제정의 ⋯ 실행관리
- 문제해결 B타입(창의형) : 문제정의 ⋯ 대안수립 ⋯ 실행관리
- 문제해결 C타입(고민형) : 문제정의 ⋯ 원인분석 ⋯ 실행관리
- 문제해결 D타입(혁신형) : 문제정의 ⋯ 원인분석 ⋯ 대안수립 ⋯ 실행관리

이와 같이 문제의 상황과 성격에 따라 처방전을 달리하면서 선택과 집중으로 효율성과 효과성을 동시에 추구하는 문제해결모델을 '창조적 문제해결(CPS 3.0) 모델'이라고 제시하였다.

문제해결과 마찬가지로 코칭도 진행 프로세스적인 측면에서 다양한 모델을 가지고 있다. 문제해결과의 유사성 비교를 위해서 고현숙(2014)의 '코칭의 모델과 프로세스 비교' 논문[30]을 참조하여 국내외에서 인증받은 코칭기관의 모델 4개를 선정하여 프로세스를 검토하였다.

■ 그로우-(GROW) 코칭 모델

〈문제해결 프로세스와 코칭모델 프로세스의 비교〉

구분	그로우(GROW) 모형	5단계 코칭대화 모형	8스텝 코칭	미라클(MIRACLE) 코칭
	4단계	5단계	8단계	7단계
	휘트모어 (Whitmore)(1992)	한국코칭센터 (2003)	스티븐 스토윌 (Steven Stoewll) (2008)	고현숙 외 (2013)
관계형성			지지하라	마인드 세팅 (Mind Setting)
				아이스브레이킹 (Ice Breaking)
문제정의 (What)	목표설정 (Goal)	초점 맞추기	주제를 확인하라	지난 코칭 리뷰 (Revisit)
	현실파악 (Reality)			아젠다 (Agenda, 주제 확인)
원인분석 (Why)			파급효과를 알게 하라	코칭 (주제에 대한 코칭)
대안수립 (How)	대안탐색 (Options)		계획을 세우게 하라	
실행관리	실행의지확인 (Will)		실천약속을 받아내라	러닝 (Learning)
실행 (Action)		장애요소 제거	변명에 대처 하라	(배운점 확인)
		마무리	결과를 명확히 하라	실행 (세션간 실천)
			포기하지 마라	

- 5단계 코칭 대화모델

- 8스텝 코칭 모델

- 미라클(MIRACLE) 코칭 모델

선정된 코칭모델은 기본적으로 코칭 대화의 전개 프로세스를 중심으로 구성되었으며, 문제해결의 문제정의(What) ⋯▶ 원인분석(Why) ⋯▶ 대안수립(How) ⋯▶ 실행관리(Action)의 4단계 프로세스와 유사성을 다음과 같이 비교할 수 있다.

비교결과 코칭의 모델 중에서 그로우(GROW) 코칭 모델은 목표설정(Goal) 단계, 현실 파악(Reality) 단계, 대안 선택(Options) 단계, 실행 의지(Will) 단계 등으로 구성되어 있다. 1단계 목표설정(G) 단계에서는 현재 대비 기대하는 바가 무엇인지(이슈가 해결된 상태. 이상적인 상태) 생각하게 함으로써 긍정적인 에너지를 갖게 한다.

2단계 현실파악(R) 단계는 실제로 일어나고 있는 이슈에 대해서 구체적으로 어떤 일이 일어나고 있는지를 파악하게 하고, 코치이 스스로 자신의 고정관념이나 인식을 검토함으로써 다시 한 번 새로운 관점을 갖게 한다. 이때 가장 중요한 것은 자신만의 생각에서 벗어나기 위해 전체적인 관점에서 사고하는 것이다.

1단계(G), 2단계(R)는 목표달성을 위해 해야 할 일이 무엇인지를 구체적으로 파악하는 단계이다. 문제해결에서는 문제정의(What)의 단계로 구분한다. 다음으로 3단계 대안선택(O) 단계는 목표를 이루기 위해 무엇을 할 수 있는지 대안을 풍부하게 탐색하고 최고의 대안을 선정하는 단계로 문제해결에서는 대안수립(How)의 단계로 구분한다.

마지막으로 4단계 실행의지(W) 단계는 구체적인 실행계획을 수립하고 발생될 수 있는 걸림돌에 대한 대비책을 수립하는 단계로 문제해결에서는 실행관리(Action)의 단계로 구분하고 있다. 이와 같은 코칭의 그로우(GROW) 모델은 문제해결의 B타입(창의형)과 맥락적 유사성을 가지고 있으며, 코칭의 핵심도 목표달성을 위한 창의적인 대안탐색에 주안점을 두는 것이라고 제시할 수 있다.

다음으로 한국코칭센터의 코칭대화모델 CCU(Corporate Coach U)은 초점 맞추기, 가능성 발견, 실행계획 수립, 장애요소 제거, 마무리의 5단

〈코칭의 GROW 모델〉

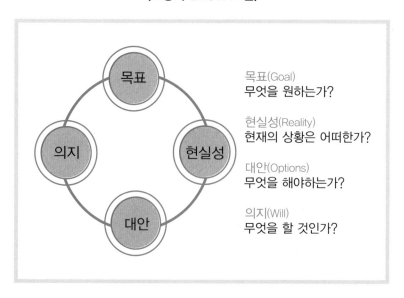

계 프로세스로 구성되어 있다. 1단계 초점 맞추기에서는 목표상태 대비 현재상태 와의 차이(Gap)를 통해 문제를 확인하고, 코치와 코치이가 코칭 주제를 합의하고 목표를 설정한다. 문제해결에서는 이 단계를 문제정의(What)의 단계로 구분하고 있다. 2단계인 가능성 발견 단계에서는 문제를 세분화하여 바라보고 문제해결을 위한 대안을 구체화한다. 이를 통해 '아하!'라는 인식의 전환이 일어나는 단계로 문제해결에서는 대안수립(How)의 단계로 구분하고 있다. 3단계, 4단계, 5단계는 대안에 대한 실행계획을 수립하고, 실행계획을 어렵게 하는 장애요인을 검토하고 대안을 세워 꼼꼼하고 세심하게 마무리하는 과정이다. 문제해결에서는 실행계획(Action)의 단계로 구분하고 있다.

따라서 코칭대화모델 CCU은 그로우(GROW)모델과 마찬가지로 문제해결의 B타입(창의형)과 맥락적 유사성을 가지고 있다고 말할 수 있으며, 코칭에서 창의적인 대안탐색에 포인트를 두면서 세부적인 실행에 주안점을 두는 것이 다른 코칭모델과 차이점이다.

〈코칭대화모델 CCU〉

다음으로 8스텝 코칭 모델은 코칭의 단계를 세분화하여 명확하게 제시하였다는 점에서 의미가 있다. 가장 먼저 1단계 '지지하라'에서는 코치와 코치이의 상호간 관계가 형성되면서 코치의 역할이 설정되는 단계로 코칭만의 차별적인 단계이다. 2단계 '주제를 확인하라'에서는 코칭에서 다루고자 하는 주제가 무엇인지를 확인하는 단계로 문제해결에서는 문제정의(What)의 단계로 제시된다.

3단계 '파급효과를 알게 하라'에서는 다양한 관점에서 생각과 원인을 검토하는 단계로 문제해결에서는 전체적인 관점에서 문제와 문제점을 분석하는 원인분석(Why)의 단계로 구분하고 있다.

4단계 '계획을 세우게 하라'에서는 코칭주제에 대한 원인을 알았으면 구체적으로 무엇을 하여야할지 대안을 수립하는 단계로 문제해결에서는 대안수립(How)의 단계이다. 5단계에서 8단계까지는 실행을 위한 계획을 수립하고 실행 시 어려움에 대한 대책을 수립하여 마지막까지 디테일하게 실행하는 단계로 문제해결에서는 실행계획(Action)의 단계로 구분하고 있다.

이처럼 8스텝 코칭 모델은 문제해결의 문제정의 ⋯▸ 원인분석 ⋯▸ 대안수립 ⋯▸ 실행관리의 4단계의 구성요소를 가지고 있어 문제해결의 D타입(혁신형)과 맥락적 유사성이 있다고 말할 수 있다. 특히 원인분석의 단계가 포함되어 있다. 코치이가 고민하고 있는 문제의 본질을 심도 있게 살펴본다는 점이 다른 코칭모델과 차이점이라고 말할 수 있다.

⟨8스텝 코칭모델⟩

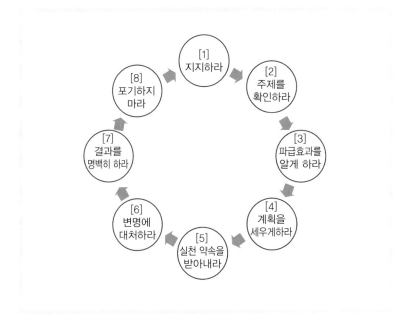

마지막으로 미라클(MIRACLE) 코칭 모델은 7단계의 프로세스로 구성되어 있다. 1단계 M(Mind Setting)과 2단계 I(Ice Breaking)에서는 코칭에 앞서 코치 자신이 마음을 정돈하고 코치이와 개방적인 분위기를 형성하는 단계이다. 대부분의 코칭에서는 단계로 구분되어 있지 않더라도 코치와 코치이간의 관계형성을 통하여 분위기를 전환하고 시작한다. 3단계 R(Revisit)에서는 지난 코칭세션에 대한 리뷰(Review)를 통하여 이전 코칭에서 실행의 결과가 어떻게 되었는지를 검토한다.

4단계 A(Agenda)에서는 지난 코칭 리뷰를 통하여 코칭의 주제를 코치와 코치이가 함께 합의하여 정한다. 문제해결에서는 3단계와 4단계를 문제정의(What)의 단계로 구분할 수 있다.

5단계 C(Coaching)에서는 본격적으로 주제에 대한 코칭이 이루어진다. 다만 이 단계는 코칭의 융통성이 높은 단계로 지난 코칭 리뷰를 통하여 코칭에 대한 방향설정이 정해진다. 실행에 집중할지, 차별적인 대안을 수립할지, 심도 있게 원인을 분석할지, 차분하게 다시 한 번 원점에서 검토할지를 정하고 그에 맞는 눈높이 코칭이 이루어진다.

기본적으로 코칭은 일회성으로 끝나지 않고 일정한 간격을 두고 지속적으로 이루어진다. 따라서 코칭 받는 내용을 현장에서 실행하여 보고 코치와 코치이가 논의를 하여보면 상황의 변수에 따라서 코칭주제가 다시 설정되어질 수 있다. 그러므로 5단계(Coaching)는 설정되어진 코칭주제에 따라 문제해결 A타입(신속형), B타입(창의형), C타입(고민형), D타입(혁신형)으로 상황에 따라서 구분되어질 수 있다. 6단계 L(Learning)에서는 코칭에서 무엇을 하기로 했고, 무엇을 배웠는지 성찰하는 단계이며, 7단계 E(Execution)에서는 코칭 이후 코치이가 현실 속에서 실천한다. 문제해결에서는 6단계, 7단계를 실행계획(Action)의 단계로 구분하고 있다.

이와 같이 코칭의 모델은 공통적으로 문제해결의 프로세스와 유사성이 높음을 파악할 수 있다. 차이점은 코칭은 코치와 코치이의 관계가 중요하므로 코칭하기 전에 관계형성의 단계가 있음을 확인할 수 있고, 문제해결과는 달리 코치와 코치이간의 대화의 형태로 코칭이 이루어

〈MIRACLE 코칭 모델〉

마인드 세팅 **M**ind Setting	코칭 전 코치의 마음 준비
아이스 브레이킹 **I**ce Breking	긍정적이고 친밀한 분위기 조성
리뷰 **R**evisit	지난 세션 리뷰
아젠다 **A**genda	주제 확인
코칭 **C**oaching	주제에 대한 코칭
러닝 **L**earning	배운 점 확인
실행 **E**xecution	세션 간 실천

진다는 점이다. 그러나 코치이가 문제를 스스로 해결할 수 있도록 코치가 가이드해 주는 대화의 패턴이 문제해결과 맥락적 흐름이 같으므로 문제해결의 범주로서 생각할 수 있다.

특히 미라클(MIRACLE) 코칭 모델은 5단계(Coaching)의 코칭과정에서 주제에 따라서 코칭을 융통성 있게 전개할 수 있다는 점에서 본 책에서 제시하는 창조적 문제해결(CPS 3.0)의 프로세스와 방향성에서 일치한다. 따라서 코칭에서 문제해결의 프로세스를 응용한다면 코칭의 효율성과 효과성을 높일 수 있다.

2

문제해결은
쉬운 코칭이다

문제해결과 코칭은 유사성이 높으므로 문제해결의 프로세스를 코칭에 접목하면 코칭에 많은 강점이 부여될 수 있다. 서두에서 언급하였지만 문제해결은 논리적 사고에 근거한 프로세스 중심이고, 코칭은 코치와 코치이 상호간의 관계성에 근거한 대화의 형태로 이루어진다. 따라서 문제해결은 논리성이 강점이고 코칭은 코치와 코치이 상호간의 관계성이 강점이라고 할 수 있다. 이와 같은 논리성과 관계성의 조합을 통해 코칭을 강화하기 위해서는 코칭의 대화 프로세스에 문제해결의 논리성을 접목하면 금상첨화이다.

그러기 위해서는 가장 먼저 코칭에서도 문제해결과 마찬가지도 진행 프로세스의 선택과 집중을 검토해야 한다. 코칭은 공통적으로 관계 형성 ┅▶ 주제 확인 ┅▶ 상황파악 ┅▶ 대안선정 ┅▶ 실행대안과 계획 수립 ┅▶ 실행의 프로세스로 이루어지고, 기본적으로 문제해결의 4단계 프로세스와 맥락적 유사성이 있다. 따라서 모든 코칭에서 6단계의 프로세스를 거치기보다는 선택과 집중을 할 필요가 있다. 코칭 주제에 따라서 실행에 집중할 것, 대안선정에 집중할 것, 원인분석에 집중할 것, 전반적인 관점에서 세심하게 검토할 것 등으로 구분하여 코칭의 효율성과 효과성을 높여야 할 것이다.

예를 들어, 금연에 대한 코칭이라면 그동안 금연에 실패한 원인분석이나 금연성공을 위한 대안선정은 의미가 없을 것이다. 굳이 코칭의 과정을 거치지 않아도 코치이 자신의 의지부족이 핵심원인이고 대안은 무조건 담배를 피우지 않는 것이다. 여기서 핵심은 성공적 실행을 위한 실행대안과 계획이 핵심인 것이다. 따라서 코칭이 '관계형성 ⋯▶ 주제확인 ⋯▶ 실행대안과 계획 수립 ⋯▶ 실행'의 프로세스로 이루어지면 효율적이고 코칭의 성과도 높을 것이다. 또한, 가계적자에 대한 코칭이라면, 가계적자의 원인에 대해서 심도 있는 분석이 필요할 것이다. 수입 부족에 의한 것인지, 능력을 벗어난 과소비가 원인인지, 계획 외에 지출이 늘어난 것인지 등을 분석하여야 할 것이다. 이 경우에 코칭은 관계형성 ⋯▶ 주제 확인 ⋯▶ 상황파악 ⋯▶ 대안선정 ⋯▶ 실행계획 수립 ⋯▶ 실행의 프로세스로 체계적으로 이루어지면서 상황파악을 통한 심도 있는 원인분석에 치중하는 것이 필요하다.

이와 같이 코칭에서도 문제해결과 마찬가지로 선택과 집중을 통하여 핵심에 집중하는 코칭을 해야 한다. 그러므로 코치는 코칭에 앞서 코칭에서 핵심을 두어야 하는 부분이 무엇인지를 명확히 구분할 수 있는 안목이 있어야 한다. 모든 것을 다하기 보다는 가장 중요한 것에 집 중하면 나머지를 통제할 수 있게 되면서 코치이의 눈높이 맞는 코칭이 진행되는 것이다.

- 실행대안에 집중하는 코칭 : 문제해결 A타입 (신속형)
- 대안탐색에 집중하는 코칭 : 문제해결 B타입 (창의형)
- 원인분석에 집중하는 코칭 : 문제해결 C타입 (고민형)
- 체계적으로 탐구하는 코칭 : 문제해결 D타입 (혁신형)

다음으로 성공적인 코칭을 위해서는 코칭 주제 선정에서 객관성을 유지해야 한다. 문제해결과 마찬가지로 코칭에서도 방향성 설정이 중 요하다. 따라서 주제선정을 위한 코칭의 대화 프로세스는 현재의 상황 과 소망하는 바(기대하는 바)가 무엇인지 탐구하면서 구체적으로 무엇 을 해야 하는지를 물어본다. 이를 코칭의 대화의 프로세스로 제시하면 다음과 같다.

- 지금 힘들게 하는 것은 무엇인가요?
- 그것이 어떤 영향을 미치고 있나요?
- 어떤 상태(소망)로 바꾸어지기를 원하시나요?
- 그렇게 되면 가장 기쁜 것은 무엇입니까?   ⇒ 상황을 힘들게 만드는 것 은 무엇이라 생각합니까?

■ 또 다른 요인은 무엇이라 생각합니까? ⇒ 그럼 구체적으로 무엇이 변화되었으면 합니까?

이 대화 프로세스에서는 상황파악을 통해 문제가 무엇인지를 도출하면서 코칭의 주제를 선정하고 있다. 문제해결에서는 이 부분을 문제 정의 단계로 구분하고 있고, 여기만 제대로 되면 그 문제의 50%는 해결되었다고 제시한다. 그 이유는 상황파악을 통하여 문제를 명확히 설정할 수 있고, 문제와 문제점 분석이 이루어지면서 원인분석도 자연스럽게 이루어지기 때문이다. 따라서 코칭에서도 이 단계는 시간도 많이 들고 많은 주의가 필요한 단계라고 할 수 있다.

그러므로 먼저 성급하게 주제를 확정하려하지 말고, 지금 나를 힘들게 하는 것(문제)을 통해 내가 기대하는 바(목표)를 찾고, 현재의 상황분석(문제점)을 통하여 문제해결을 위해 해야 할 일(주제)를 찾아야 한다. 이때 가장 중요한 것은 대화를 통한 정보파악에서 최대한 객관성을 유지하는 것이다. 그러나 많은 경우에 자신만의 테두리 속에서 정보를 분석하고 파악하는 경향이 있다.

■ 지금 힘들게 하는 것은 무엇인가요?
　(주변에 흡연자가 너무 많아서 담배를 끊지 못하고 있습니다)
　(금연보조재의 성능이 약해서 담배를 끊지 못하고 있습니다)

이와 같이 자신만의 테두리 속에서 원인(주변에 흡연자가 많아서)과 대안(금연보조제의 성능이 약해서)으로 문제를 말하는 경우가 있다. 은연 중에 '내~탓이요' 보다는 '네~탓이요' 대화법에 익숙해져 '~통한' 혹은 '~인한' 대화를 자주하는 경향이 있다. 이와 같이 '네~탓이요' 하는 대화를 통해서는 문제의 본질을 제대로 파악할 수 없어 배가 산으로 올라갈 수 있다. 따라서 코치이가 대상과 현상(결합) 중심으로 문제를 말할 수 있도록 코칭하는 것이 중요하다고 할 수 있다.

- 지금 힘들게 하는 것은 무엇인가요?

  (저는 현재 담배를 끊지 못하고 있어 고민 중입니다)

- 어떤 상태(소망)로 바뀌기를 원하시나요?

  (일상적인 생활 속에서 단 한 모금도 담배를 피우지 않는 것입니다)

- 상황을 힘들게 만드는 것은 무엇이라 생각합니까?

  (금연에 대한 저의 약한 의지가 가장 중요한 문제입니다)

- 또 다른 요인은 무엇이라 생각합니까?

  (주변에 손만 뻗으면 언제든지 담배가 있다는 것입니다)

- 그럼 구체적으로 무엇을 변화시키고 싶습니까?

  (하루에 담배 2갑을 피우는데 철저하게 금연을 하고 싶습니다. 영원히)

마지막으로 숲을 보고 나무를 보는 전체적 사고를 하여야 한다. 문제해결과 코칭의 또 하나 공통점은 상황에 대한 탐색을 통하여 코칭 주제가 선정되고, 원인과 대안이 설정된다는 점이다. 이때 가장 중요한 성공 포인트는 전체적인 관점에서 상황파악을 하는 것이다. 많은 경우 코치이는 자신의 관점에서 문제를 바라보고, 그 테두리 안에서 원인을 분석하고 대안을 도출하여 자신이 할 수 있는 것 중심으로 실행하는 경향이 있다. 그러다 보면 코칭이 종료된 시점에서 주제에 따른 실행대안을 살펴보면 예전에 했던 것 중심으로 큰 차별성이 없음을 발견할 수 있다.

따라서 코치는 코치이가 전체적인 관점에서 생각하고 고민하여 볼 수 있도록 관점의 전환을 유도해야 한다. 전체를 바라보면 자신이 설정한 경계를 넘으면서 발상의 전환이 이루어질 수 있고, 새로운 도약을 위한 터닝 포인트 전략이 나올 수 있다. 그러기 위해서는 코치는 미시(MECE)의 법칙에 근거한 누락과 중복이 없는 관점의 포인트를 코치이가 잘 찾을 수 있도록 이끌어야 한다.

- 상황을 힘들게 만드는 것은 무엇이라 생각합니까?
- 또 다른 요인은 무엇이라 생각합니까?
- 또 다른 관점에서 고려하여야 할 요인은 무엇이라 생각합니까?
- 그것 외에 다른 관점에서 고려하여야 할 요인은 무엇이라 생각합니까?

이와 같이 문제해결과 코칭은 개념적인 측면에서 프로세스적인 측면에서 많은 유사성이 있다. 다만 코칭은 코치와 코치이 간의 쌍방향 커뮤니케이션을 통하여 공감대가 이루어지고, 코치이의 문제를 해결하는 강점을 가진다. 그러나 언어적 측면에서 메시지 전달은 때로는 자기중심적으로 감정적으로 진행되어질 수 있다. 이런 것을 최소화하는 것은 문제해결의 논리성을 강하게 접목하는 것이다. 특히 코칭의 프로세스가 기본적으로 문제해결의 4단계 구성요인과 맥락적 흐름이 동일하므로 문제해결의 프로세스를 접목하는 것은 그리 어려운 일이 아니다. 그러기 위해서는 먼저 코치가 문제해결의 프로세스에 대한 이해도를 높이는 것이 가장 우선되어야 한다.

1) 《이순신의 두얼굴》, 2004, 김태훈 지음, 창해

2) Kahney, H.(1986), 《Problem solving : A cognitive approach》, Milton Keynes, Philadelphia: Open University Press.

3) Pounds, W. F.(1969), 《The process of problem finding》. Industrial Management Review, Fall, 1-9

4) 〈일요시사〉, 2016.08.22, '로또 1등 당첨 불행한 이야기', 안재필

5) 〈디지털데일리〉, 2016.04.28, '1분기 스마트폰 시장 사상 첫 역성장', 윤상호

6) 〈머니투데이〉, 2016.01.08, '5년 전 이건희 회장의 예언: 애플 · 삼성전자의 앞날', 오동희

7) 〈삼성인의 용어〉, 1997, 상성신경영 실천위원회

8) 《시크릿》, 2007, 론다 번 지음, 김우열 옮김, 살림

9) 〈헤럴드경제〉, 2010.05.10, '그리스, 한국 금모으기 운동 본 받아라', 김형곤

10) 〈NEWSIS〉, 2016.06.28, '미세먼지 파동 여파-국내산 간고등어 업계 줄도산 위기', 김진호

11) '우수과학영재를 위한 창의적 문제발견/문제해결 모델 개발', 하주현(2007), 〈영재와 영재교육〉, 제9권 제1호

12) Gregory, C. E.(1962), 《The management of intelligence》, NY: McGraw-Hill

13) Kepner, C., & Tregoe, B.(1967), 《The rational manager》, NY: McGraw-Hill

14) Higgins, J. M.(1994), 《101 creative problem solving techniques: The handbook

of new ideas for business》, NY : The New Management Publishing Company

15) 이석재(2003), '생애능력측정도구 개발 연구 : 의사소통능력, 문제해결능력, 자기주도적 학습능력을 중심으로', 한국교육개발원 연구보고 리포트, 2003-15-3

16) 김범열 · 박지원(2008), 〈HR 패러독스 경영〉, LGERI 리포트

17) Getzels, J.W.(1987), 《Creativity, intelligence, and problem finding: retrospect and prospect. In Isaksen, S.G.(Ed.), Frontiers of creativity》, New York and London: Plenium Press

18) 《맥킨지 문제해결의 이론(2008)》, 다카스기 히시타카 지음, 현창혁 옮김, 일빛

19) 〈한국일보〉, 2016.02.22, '일등기업 절반은 10년도 못간다', 정준호

20) 〈조선일보〉, 2007.07.13, '진흙탕에 빠진 M-16은 갖다 버려라', 김명환

21) 〈SBS 뉴스〉, 2010.11.26, 'K9자주포 절1반 고장', 박세용

22) 《대한민국 창의력 교과서(2005)》, 박종안 지음, 푸른솔

23) 《창의적 아이디어로 혁신하라(2007)》, 데이브 앨런 · 맷 킹돈 · 크리스 무린 · 대즈 루드킨 지음, 권양진 옮김, 평단

24) Stanovich, K. E., & West, R. F.(2000), 《Individual differences in reasoning: Implications for the rationality debate. Behavioral & Brain Sciences》, 23, p.645-665

25) 《경영의사결정론(2011)》, Max H. Bazerman & Don A. Moore 지음, 김정섭 옮김, 경문사

26) 〈김대리도 뻑가는 교육게임 99가지〉, 2000, 이베스트

27) 〈문화일보〉, 2016.07.29, '오보청 논란 기상청 일기예보, 장마철 정확도 84.2%', 김영주

28) 〈YTN 뉴스〉, 2016.07.26, '괴담까지 퍼지는 '가스냄새', 정부 합동점검단 가동', 최기성

29) 〈중부일보〉, 2016.07.29, '휴가철 가볼만한 곳-포천, 숲속에서 ; 초록 힐링, 계

곡에선 푸른 쉼표', 조윤성

30) 〈한겨레〉, 2007.02.20, '녹색페인트 칠로 민둥산 푸르게', 유강문

31) 《성공하는 사람들의 7가지 습관(1994)》, 스티븐 코비 지음, 김경섭 옮김, 김영사

32) 〈동아일보〉, 2009.12.21, '이순신 함대 막강 전투력의 비결은', 이형주

33) 《NLP, 무한성취의 법칙(2003)》, 스티브 안드레아스 · 찰스 폴크너 지음, 윤영화 옮김, 김영사

34) Evered, R. D., & Selman, J. C.(1989), Coaching and the art of management Organizational Dynamics, 18(4), 16-32

35) Coach U.(2005), The coach u personal and corporate coach training handbook, Coach U Inc., Wiley

36) 고현숙(2014), 코칭의 모델과 프로세스 비교, 〈리더십 연구〉 제5권 2호

위기를 기회로 바꿔주는
생각의 도구

위기를 기회로 바꿔주는

생각의 도구

1판 1쇄 펴낸날 2016년 10월 26일

지은이 송종영
펴낸이 나성원
펴낸곳 나비의활주로

기획편집 유지은
표지디자인 All Design Group
본문디자인 오현주

주소 서울시 강북구 삼양로85길 36
전화 070-7643-7272
팩스 02-6499-0595
전자우편 butterflyrun@naver.com
출판등록 제2010-000138호

ISBN 978-89-97234-85-1 03320